打造双语家庭
——父母手札

THE BILINGUAL FAMILY
—A Handbook for Parents

〔法〕伊迪斯·海丁-伊斯(Edith Harding—Esch) 著
〔英〕菲利普·瑞雷(Philip Riley)
李茁 译

北京大学出版社
PEKING UNIVERSITY PRESS

北京市版权局著作权合同登记　图字：01-2010-2474
图书在版编目(CIP)数据

打造双语家庭/(法)海丁-伊斯(Harding-Esch,E.),(英)瑞雷(Riley,P.)著；李茁译.—北京：北京大学出版社,2012.1
ISBN 978-7-301-19861-2

Ⅰ.①打… Ⅱ.①海… ②瑞… ③李… Ⅲ.①家庭教育-双语教学-研究 Ⅳ.①G78

中国版本图书馆 CIP 数据核字(2011)第 257596 号

The Bilingual Family, Second Edition, ISBN 978-0-521-00464-0, by Edith Harding-Esch and Philip Riley, first published by Cambridge University Press 1986. All rights reserved.
This simplified Chinese edition for the People's Republic of China is published by arrangement with the Press Syndicate of the University of Cambridge, Cambridge, United Kingdom.
ⓒ Cambridge University Press & Peking University Press 2012

This book is in copyright. No reproduction of any part may take place without the written permission of Cambridge University Press and Peking University Press.

This edition is for sale in the People's Republic of China (excluding Hong Kong SAR, Macau SAR and Taiwan Province) only.
此版本仅限在中华人民共和国(不包括香港、澳门特别行政区及台湾地区)销售。

书　　名：	打造双语家庭——父母手札
著作责任者：	〔法〕伊迪斯·海丁-伊斯　〔英〕菲利普·瑞雷　著
译　　者：	李　茁
责任编辑：	季春莲
标准书号：	ISBN 978-7-301-19861-2/G·3281
出版发行：	北京大学出版社
地　　址：	北京市海淀区成府路205号　100871
网　　址：	http://www.pup.cn
电　　话：	邮购部 62752015　发行部 62750672　编辑部 62750673
	出版部 62750673
电子邮箱：	weidf02@sina.com
印　刷　者：	北京飞达印刷有限责任公司
经　销　者：	新华书店
	880 毫米×1230 毫米　A5 开本　7.625 印张　168 千字
	2012 年 1 月第 1 版　2012 年 1 月第 1 次印刷
定　　价：	23.00 元

未经许可，不得以任何方式复制或抄袭本书之部分或全部内容。
版权所有，侵权必究
举报电话：010-62752024　电子邮箱：fd@pup.pku.edu.cn

前　言

　　对于所有想培养孩子双语能力的家长来说，这本书提供了非常丰富的指导。比如，对于一个英国家庭来说，无论他们生活在德国的斯图加特或是西班牙的马德里还是法国斯特拉斯堡，都可以参照这本书中所提出的建议。而对与生活在德国的西班牙主妇或居住在北美的丹麦家庭来说，这本书也同样适用。然而，这本书的内容并不涉及双语的社会问题，比如书中不会探讨同一地区内(比如芬兰或威尔士)使用不同语言人群之间的区别。这本书也不会讨论外来人口的语言问题，因为这些问题涉及社会及政治因素，超出了这本书所关注的范畴。

　　尽管本书大多以欧洲家庭为例，但所阐述的理论同样可以被生活在世界其他地区的父母所使用。随着社会和经济的不断发展，越来越多的家庭要经常迁居到别的国家，因此在一种环境中同时培养孩子掌握两种或更多语言能力则是家长们必须面对的问题。虽然书中所列举的案例有限，但我们仍希望能够与更多的家长分享培养孩子语言能力的经验。我们希望通过这些案例，可以帮助家长树立培养孩子双语能力的信心,找到切实可行的办法。因为"家庭"这个基本社会单位是由父母和孩子共同组成的。

本书的重点并不是阐述那些高深的语言学原理或心理学理论。我们不希望展现给家长们那些枯燥、死板的学习规律,而是将现实中发生的问题进行讨论、分析,供大家参考。本书首先简短地介绍了孩子们是如何使用语言的,其中包括双语儿童和单语儿童。接着,对语言学和语言习得所涉及的一些专业词汇进行解释。本书的内容安排如下:

1. 总结先前双语及双语儿童语言发展的研究成果;

2. 分析左右家长决定是否培养孩子双语能力的关键因素;

3. 通过解剖不同双语家庭的案例,清晰地阐述在培养孩子语言能力方面,家长应根据不同的生活环境所做出的不同选择和决定;

4. 对一些专业概念进行解释,供家长参考(按字母顺序排列);

需要强调的是,尽管我们都从事语言教学研究,但我们的创作灵感却来源于生活中的切身体验。您或许并不完全赞同我们的观点,或者发现书中的理论并不完全适用自家的情况,这都没有关系。世上本没有包治百病的灵丹妙药,我们也只是希望能借此同大家分享自己在育儿方面的经验和教训。

本书的主题——"培养儿童的双语能力",这仅仅是孩子整个复杂、宏大成长过程的一部分。在每一个家庭中,许多因素都会影响到家庭成员之间的关系,比如社会角色、健康情况、年龄差异、宗教信仰以及政治观点,这些因素虽与语言无关,但在某种程度上都会决定家庭成员乃至整个家庭的特征。与其他家长相比,我们并没有过多的资本来讨论决定孩子成长的因素。因此我们尽量避免在陈述案例时带有个人的观点。双语孩子首先也是孩子,他们与其他孩子一样都会遇到要零花钱或青春期等种种问题。因此,如果家长仅仅关注孩子成长的某一个方面(语言发展),很可能会使问题复杂化。因此家长必须关注孩子成长的整个环境,全面地考虑问题。

在过去的15年里,双语现象在学术界受到了广泛的关注,为此我们重新出版了《打造双语家庭》这本书。此外,近年来多个国际性学术期刊竞相发表关于双语及多语发展的研究报告,多数报告侧重于双语现象的社会影响(Fishman,1989),其中包括对语言消亡的研究(Fishman,1991;Crystal,2000;Nettle and Romaine,2000);语言学家针对语言接触、语码转换以及语言变化开展了大量的描述性研究(Milroy and Muysken,1995;Jones and Esch,2002);还有针对语言应用中文化多样性的理论研究、人类语言学研究(Duranti,1997;Foley,1997)以及认知人类学(Gumperz and Levinson,1996)。这些研究推动了人类关于对思想与语言之间关系的思考与争论,使人们开始重新审视之前所提出的语言相关性理论——萨丕尔—沃尔夫假说(Sapir-Whorf hypothesis)。

双语教育在美国(Hornberger,1990)和欧洲(Baker,2001)都受到了普遍关注。欧盟率先推出了欧洲语言教学大纲(简称CEFL,欧盟2001),希望在欧洲范围内推广多语交流和多元文化。在2001年欧洲语言文化年期间,欧洲各国通过大量举办交流活动,大力推广该项目的实施,其中包括在许多国家的小学阶段开设外语课。同时,人们也开始逐渐关注少数民族语言,由此引发了一系列跨文化交流重要性以及同一社会、文化背景下语言发展与使用之间密切关联的现实问题（Byram，1997b；Roberts et al.，2001；Kramsch，1998；DeLoache and Gottlieb，2000）。

尽管双语现象得到了社会的广泛关注，但由于近年来家庭作为社会组成单位发生了根本性的变化，使得培养孩子双语能力这个问题变得越来越复杂，因此这方面的研究进展相对比较缓慢。家庭的根本性变化导致核心家庭（2—3个家庭成员）不再是当今社会家庭的主要形式（Turner，1999）。本书中作者也尝试将这种新的社会现状与主题相结合。从社会发展的角度来讲，双语家庭数量的增多，意味着"越来越多的家庭处于不断迁移、不断扩展的状态。对于这种家庭来说，除远亲之外，他们同样需要近邻的支持"（引用特纳 Turner 的话）。无论家庭的规模有多大，它总会疼爱、关心着家里的每一个人。因此，尽管我们很谨慎地在这本书中更新一些内容，但书中的主要内容和观点与上一版没有太大的出入。

在详细讨论双语现象之前，请大家先关注一个问题，而这个问题经常被专业的语言学家、心理学家以及教师们所忽略。那就是对于绝大多数双语者来说，他们觉得自己能够自然、纯熟地掌握两种语言。但在过去的双语研究中，研究者大多为单语使用者。他们在研究中常常对双语使用者表示出羡慕或一丝畏惧，以至于忽略了双语使用者自身的经历和感受。当采访双语使用者，特别是孩子时，你可以感受到他们发自内心的愉悦与自豪，因为他们觉得双语带给他们乐趣与充实。

衷心地欢迎家长和孩子们能为本书多提宝贵意见。同样感谢那些多年来与我们保持书信联系、共同分享双语孩子成长经历的家长们。我们会尽量采纳这些宝贵的经验和案例。

最后有两点需要指出：

1. 本书中并没有采用特定的男孩或女孩,而是使用"他"或"她"来区分性别的不同;

2. 当谈到双语者使用两种语言交流时,第一种语言为母语。然而,在短期内两种语言的掌握情况会有所变化,这种现象在儿童身上尤为明显。这也解释了为什么同一双语者在不同的年龄阶段使用语言的倾向性会有所不同。

译 者 的 话

　　随着中国经济的不断发展,全球化概念深入人心,越来越多的中国家庭移民到国外工作、定居,而跨国婚姻的比率也在逐年增长。现在或未来的中国父母在现实生活中都会面临使用双语进行交流的问题。双语交流已经成为生活中必不可少的一部分。什么时候应该让孩子接触两种语言?同时进行还是有先有后?双语孩子会不会混淆两种语言的用法?这些问题一直困扰着当代70后、80后的父母。

　　伊迪斯博士是我2003年在剑桥读书时的双语教学研究课程讲师。虽然身为法国人,她的英语发音很纯正,这应该归功于她那位英国数学家先生。伊迪斯博士治学严谨,多年从事双语教学及跨文化交流方面的研究。教学时也经常将语言习得理论与自己切身的育儿经历结合在一起,生动有趣。

　　完成了剑桥的学业,我便回到国内从事英语教学工作。2009年当我再次回到剑桥访问时,在剑桥的书店中看到了伊迪斯与瑞雷联合出版的《打造双语家庭》这本书。读完此书,我深深被书中的各种语言案例所吸引——不同的双语家庭如何采用不同的方法培养孩子的双语能力，于是决心将此书翻译成中文，让更多的中国家长从中获益。

如今我的女儿也已经4岁了。虽然我们生活在中国，也并非国际家庭，但先生和我都很重视女儿的语言培养。翻译此书除了家人的支持外，我还要感谢杨书澜老师、季春莲老师以及北京大学出版社，使得这本书能够得以出版，欢迎广大读者的批评指正。

译者

2011年12月

目　　录

第一部分　理论回顾　/ 1

第一章　孩子与语言　/ 3

孩子们为什么使用语言？　/ 3

1.1　建立关系　/ 4

1.2　信息交流　/ 6

1.3　思考　/ 7

1.4　文字游戏　/ 9

1.5　学习中交流　/ 10

语言基本概念　/ 13

1.6　语言与方言　/ 13

1.7　书面语与口语　/ 15

1.8　改变　/ 15

1.9　语言的级别　/ 16

1.10　语言的多样性　/ 21

1.11 掌握语言 / 23

第二章 什么是双语？ / 27
  2.1 双语概念 / 27
  2.2 "精英"双语和"平民"双语 / 29
  2.3 不同的双语社会 / 32
  2.4 双语现象并不少见 / 35
  2.5 国家认知与单语国家：以法国、法语和法国人为例 / 36
  2.6 官方和个人双语 / 38

第三章 关于双语者的一些问题 / 41
  3.1 双语能力是一个程度问题 / 41
  3.2 复合双语与对等双语 / 49
  3.3 掌握语言的年龄 / 52
  3.4 分享两种文化 / 56

第四章 培养双语儿童 / 61
  同时掌握两种语言 / 61
  4.1 双语家庭类型 / 63
  4.2 培养双语与单语之间的相似之处 / 66
  4.3 区分两种语言 / 67
  4.4 知道自己是双语者 / 75
  4.5 语言代码转换及翻译 / 78
  4.6 无聊的译者？ / 83
  继时性双语能力 / 86
  4.7 学习第二语言的过程与学习母语一样吗？ / 88
  双语能力与智力 / 91

第五章　影响家长培养双语儿童的因素　/ 95

　　需要了解的问题　/ 95

　　5.1　父母的母语背景及其历史　/ 95

　　5.2　父母之间用哪种语言进行交流？　/ 96

　　5.3　家长如何使用各自的母语？　/ 97

　　5.4　谁将照看你的孩子？　/ 98

　　5.5　如何看待自己的母语？　/ 100

　　5.6　与家庭其他成员如何交流？　/ 101

　　5.7　涉及哪些语言？　/ 102

　　5.8　保持语言的方法有哪些？　/ 105

　　5.9　你会改变与他人交流的方式吗？　/ 106

　　做决定　/ 107

　　5.10　一些"至理名言"　/ 107

　　5.11　评估自己的语言环境　/ 108

第二部分　案例分析：多个双语家庭的做法　/ 113

　　案例1：英语是"爸爸语言"　/ 115

　　案例2：见机行事　/ 118

　　案例3：进门之后变双语　/ 120

　　案例4：对话用语转换策略　/ 124

　　案例5：旅途明灯——双语，不可缺的行李　/ 125

　　案例6：双重文化，可以；双语能力，不要　/ 128

　　案例7：家庭根基最重要——一位家长，一种语言　/ 130

　　案例8：家是我的语言城堡　/ 132

　　案例9：孩子的自由——接受孩子双语的独立性　/ 134

案例 10：追溯到童年　／137

案例 11：文化遗产——一位家长，一种语言　／140

案例 12：两个家庭、两种语言、两种文化　／143

案例 13：来得快，去得快　／145

案例 14：带有幽默感的决定　／149

案例 15：语言体现了信仰和社会属性　／153

案例 16：双语能力——更美好的生活　／155

案例 17：单亲家庭，两种语言　／157

案例 18："重组家庭"中的双语　／159

第三部分　单词解释　／163

口音　／165

年龄　／165

天赋　／168

儿语　／169

双语阅读能力　／170

语言代码转换　／171

色彩　／173

更正　／173

数数　／174

字典　／176

医生——另类"专家"　／177

梦境　／178

手语——普遍的非语言性沟通　／180

因特网　／182

口译和笔译　/ 183

混合　/ 184

名字　/ 186

国籍　/ 187

其他语言　/ 188

"休眠"语言的复苏　/ 190

阅读　/ 191

拒绝说话　/ 192

学校教育　/ 194

书写/写作　/ 197

拼写　/ 198

口吃　/ 201

说脏话　/ 203

电视机　/ 205

低龄儿　/ 207

客人　/ 209

写作　/ 211

引言　/ 212

参考文献　/ 215

索引　/ 223

第一部分　理论回顾

第一章
孩子与语言

孩子们为什么使用语言？

在本章中我们来谈一谈孩子从开始学说话就要经历的不同阶段。近年来尽管许多研究者对孩子的语言习得现象进行了大量细致的研究，但由于无法切实地观察到孩子的大脑运动情况，许多问题仍无法得到解释。研究者所观察到主要为孩子的语言实际应用行为，因此这也是本书关注孩子如何使用语言的原因之一。另外，孩子的双语能力发展（比如符合语法规则的语序或语言与大脑发育之间的联系）更多取决于他们与父母之间的关系，而不是简单机械地学习。举个例子，研究者或许能够大致分析出孩子掌握复杂的否定句的过程，但当2岁1个月的伊利爱特说"不要电视"时，她的妈妈则会理解为孩子需要转换电视频道。

1.1 建立关系

> —— 早上好。
> —— 早上好。
> —— 有点冷,是不是?
> —— 是呀,真冷。
> —— 嗯,保重。
> —— 好的,保重,再见。
> —— 再见。

人们每天都会花费大量的时间、使用不同的礼貌用语来建立和维系各种社会关系。如果单从字面上去理解人们谈话的内容,我们就会发现许多话与其实际的含义相悖。但如果从交流功能的角度去理解这些话,我们就会清楚地意识到语言的重要性,因为它将整个社会联系在一起。

假设某天早上你在电梯里碰到了一位邻居,他热情地向你问好,而你却不予理睬。这种行为表示拒绝与对方交流,甚至忽视对方的存在。所以,如果我们自己也遇到了同样的待遇,心里也不会痛快。

在开始谈论重要议题之前,绝大多数情况下人们都会先使用礼貌用语。即便人们已经想好了会谈的内容,"开门见山"直奔主题的交流方式也会让人觉得很不舒服。

婴儿在真正学习发音之前就已经开始学习最初级的交流行

为。事实上,有人认为婴儿一出生就开始学习与人交流,这种观点也并不夸张。因为婴儿出生后,父母就会关注他/她的每一个动作和声音并通过对话进行鼓励。C. E. 斯诺(C. E. Snow)在1977年发表的一篇文章中引用了一位母亲与新生儿交流的例子,解释如何培养母子之间交流的习惯:

> 妈妈:你好,笑一个吧(轻柔地触摸孩子的腋下)。
>
> 婴儿:(打呵欠)。
>
> 妈妈:困了吗?你今天起得太早了。
>
> 婴儿:(张开小手)。
>
> 妈妈:(触摸孩子的小手)你在看什么呢?你看到什么了?
>
> 婴儿:(抓住了妈妈的手指)。
>
> 妈妈:哦,你要这个呀。我们是好朋友,来,笑一个吧。

婴儿长到3—4个月大时,就能对父母的微笑做出反应,而且还能用自己的笑容来回应父母。整个交流过程充满了孩子与父母的交流,其中包括婴儿的咯咯笑、大叫、微笑,这些动作都在引导他/她参与交流。然而我们却往往忽视了这些人类交流最基本的交流动作。

孩子牙牙学语时,父母就能辨认出他们所发出词汇的含义。但这阶段之前的几个月,孩子就能够发出各种不同的声音,而这些声音在任何语言中都不存在。这是他们语言能力发展过程中不可逾越的阶段。在这个阶段,孩子学习如何控制发声器官、试着发出各种可能发出的声音,但还没有将可以表达含义的不同声音组合在一起。他们所发出的声音的种类和数量会逐渐减少,主要是与父母交流时受到父母语言的影响。

在孩子认知、甄选语言的过程中,父母将孩子所发出的声音与相关的社会礼仪相联系,对孩子进行言传身教。孩子的行为和话语都表示他们在学习不同的社会习惯:对人微笑——打招呼、说"哦"——承认、叫"妈妈爸爸"——辨认、说"谢谢"——表示感谢、"再见"——告别。V.库克(V. Cook,1979)曾评论过:

> 我女儿尼克拉每次给别人东西时都会说"eeyoure"①。后来我们才意识到她是在说"Here you are"("给你"英语)。她一定是注意到大人们在递给别人东西时经常这么说,所以便认定这句话一定与给东西的动作搭配在一起。而我们却没意识到这个问题。

孩子们也会使用其他类似的表达方式吸引父母的注意,得到他们想要的东西。尽管有时他们只会用一个词,甚至这些词听上去与正确的表达相差太远,但他们仍然会使用这些方法来满足自己的社会需求。

1.2 信息交流

孩子很小就会表现出"表现和倾诉"的愿望。实际上,他们

---

① "eeyore"——"Here you are"英语,表示"给你"。"eeyore"是尼克拉所发出的不标准读音。

总会先叫自己觉得最重要的人或事物,比如妈妈、爸爸、瓶子、饼干、小狗等等。他们也会说一些动词和动词的结果,比如当妈妈走出房间时,他们会说"走了";瓶子里的奶喝完了,他们会说"没了"。

如果孩子说话时只使用一个单词,我们很难理解和掌握他们究竟想表达什么意思或想要做什么。每当这个时候,家长们就会不惜余力地重复孩子所说的话、揣测词语含义并通过沟通证实孩子想要表达的意思。家长们的这种行为恰恰刺激了孩子的语言和智力发展,并为孩子提供了大量的交流素材。

信息交流行为不是单方面的。在这个过程中,孩子并不是单纯机械地说出事物的名称。由于孩子并没有说出身边所有事物的名称,这就表明他们很可能对某些事物感兴趣。由此可见,孩子从小就对周围的世界进行评判。

1.3 思考

当孩子使用单词给事物命名时,他们经常会犯错误。这些错误恰恰证明他们开始感知周围的世界,特别是当孩子将同一个单词用于两个相似的事物时,这一点尤为明显。比如,孩子把所有成年男子叫做"爸爸"、所有四条腿的动物叫做"小狗",从这一点我们可以看出他们可以根据一定标准将生命体进行分类,尽管这些标准不太准确,但仍然具有一定意义——毕竟他们没有将"爸爸"和"小狗"混为一谈。即便孩子出现比这更严重的错误,家长也不必担心,因为这是孩子在尝试、学习认知体系的过程。一个8个月大的女孩发现了一件黄铜饰品,便伸出手触摸。随后,父母用瑞典语告诉她这件物品是马,她便学了瑞典语中的单词"马"。但通过观察我们发现,小女孩并没有将单词"马"与动物"马"联系起来。她在使用这个单词时,最先考虑的物品是自己感兴趣的,能够吸引注意力而且很漂亮,最后才将这个词归纳在动物词类中。

孩子学习语言的同时也在认识周围的世界,了解世界如何构成、万物如何生长。如果仅从程度的角度来看,孩子学习语言的过程与成人学习第二外语的过程有很大差别。成人学习第二语言的主要目的是希望通过语言来表达自己已有的世界观及想法。而且,基于认知发展的特点,成人可以有意识地使用语言解决复杂的问题或设计一系列行动,但孩子们却不具备这些能力。

双语的最大优势在于,即使年龄很小的孩子也明白词汇与事物之间的关系并不是单一的,也就是说同一件物品可以有不同的名字。许多研究者和心理学家指出,双语可以帮助孩子进行早期的抽象思维训练,这将有助于培养灵活、开放的思维方式。单语者经常会担心双语会使人在说话时总要考虑使用两种语言,然而灵活的思维方式正好驳斥了这个观点。双语者并不介意两种语言的存在和使用,主要有以下几个原因:第一,人们在说话之前都会在大脑中对语言进行加工;第二,双语者通常会有意识地选择一种语言来思考要说的话(或称为"内部语言");第三,除非被要求使用两种语言中的另外一种语言,许多双语者习惯使用一种语言进行思考(我们认为这是普遍现象);第四,许多双语者实际上倾向于使用两种语言进行思考。他们认为这是一种利用横向思维、创造性解决问题的方法。

有时候,刻意寻求问题的答案往往会偏离方向。如果我们问双语者使用哪种语言进行思考,他们几乎都会回答:"那可不一定。"

1.4 文字游戏

婴儿和幼儿都喜欢玩语言游戏。即使在能发出标准读音之前,他们也会花很大力气不断地重复同一个声音,因为他们觉得很好玩。掌握了几个单词以后,孩子还会把词编成歌曲,哄自己睡觉。由此可见,用声音和词汇做游戏完全是孩子的一种自发行为,同样也是语言学习过程中重要的一部分。在这个过程中,随着孩子语言能力的提高,游戏的复杂程度也不断增强:从讲冷笑话到唱歌、再到写诗歌。这个过程将伴随孩子一生的成长过程。

早期孩子们所说的语言听上去好像在"胡言乱语",这种行为就像儿歌、玩语言游戏一样,给孩子带来无限的快乐。孩子们通过不断地重复基础词汇、语言及句子结构学习掌握语言,尽管有些内容看上去没有什么实际意义——比如一些儿歌:"围着玫瑰花环跳个舞"(ring a ring of roses)、"矮胖墩子"(Humpty Dumpty)、"嘿,扭啊扭"(hey diddle diddle),但它们给孩子带来无限乐趣。

家长们,特别是双语儿童的家长要格外重视孩子的"胡言乱语"。但有些家长会担心,如果对孩子的这种行为不加以控制,他们便会不惜余力地"胡说",以至于造成语言混乱。从某种程度上说,会有这种可能,但它同样是帮助孩子对语言进行归类。换句话说,儿歌中也掺杂着一些无意义的词汇,比如"嘀嗒嘀嗒嘀,老鼠爬上钟(Hickory, dickory, dock! The mouse ran up the clock)"或者"一个蒂斯格特,一个塔斯格特,我有一个小篮子(A tisket, a tasket, I have a basket.)"。① 与这些句子相比较，使用两种语言重复同一事物的名称(beurre 法语，butter 英语，表示黄油)反而没那么复杂。

语言游戏是所有孩子语言能力培养过程中所要经历的正常阶段，是健康的而不是所谓的某种报警信号。事实上，如果孩子没有经历这个阶段，家长们才应该担心。而试图简化这个阶段进行也同样危险。在家长提供给我们的案例中，语言"混淆"现象大多发生在1岁半到3岁孩子之间。如果仅以这些案例为依据来描述语言游戏的特点，我们的观察结论是不全面的。而且那些所谓的"数据"也毫无意义，因为孩子在语言游戏方面的可变性很大，而且这些数据都是基于家长选取并提供的案例，而并不是来自客观的观察。

1.5 学习中交流

当孩子学会使用两个词，标志着他表达自己的能力有了明显地提升，并且所说的话也趋向成人语句。在对话礼仪及信息交流方面，他也同样变得更加积极。同时，当要表达不想要某物或某物不存在时，他会在物品名词前加否定词"no"('不'，英语)。这是孩子语言能力进步的另一个重要表现。

然而，这个阶段刚开始时，孩子仍不会使用连词(比如表示方向"to"，表示离开"off"，表示特定"the"，表示如果"if")，以及一些语法规定的词汇后缀(表示第三人称单数的"s"，如"runs"，

---

① 这里的"dickory，tisket，tasket"都是毫无意义的词，在句子中只起到平衡语句的作用。

'跑')。当然,这些词和语法后缀都会慢慢地被孩子们所掌握,只是掌握的时间会因不同的孩子和语言而有所不同。比如有些语言(例如芬兰语、俄语)中的词语后缀相对比较多,因此孩子掌握起来所花费的时间就会较长。但这并不意味着这些语言很难被孩子们所掌握,这是因为所有语言的复杂难度基本上都相同。当然,不同的语言其难点分布也不同,所以某种语言中的某个语法点可能比另一种语言中的同一语法点要难。这也是为什么双语儿童的两种语言能力发展会存在很大差异的原因。

英语中,孩子们最早接触的词汇后缀是"ing"形式(表示动作正在进行),比如"妈妈来了"(Mummy coming)。接下来是所属格"'s""妈妈的车"(Mummy's car)。对名词复数的掌握则要更晚"-s",如"cars"(汽车)。

或许更重要的是,孩子们在这个阶段中掌握了"词语的不同顺序也会改变句子的含义"。但孩子仍需要一些时间来"破解词序之谜",而且在这个过程中还会出现许多"错误"。也就是说,问题出在对语法结构、句子含义以及现实中语言应用之间联系的掌握。例如,如果我们将一个玩具狗和一个娃娃摆在孩子面前,对他说"给那个人狗"(Give the man the dog)。孩子很可能将娃娃递给狗,而不是把狗递给娃娃。这是因为在大多数的句子中,动词后的名词都是动作的承受者,例如潘妮给约翰一本书(Penny gave John the book)。再有,孩子还没有掌握在现实生活中人们通常是将宠物递给人,而反过来是行不通的。

另一个难点是疑问句。孩子们经常会在疑问句的开头使用疑问词,但没有改变后面句子成分的语序。因此,他们所说的疑问句大多存在语序问题。

随着孩子语言能力的慢慢提高,他也会逐渐成为老练的交流者。这一点体现在孩子开始使用代词——例如,他开始用"你"来称呼爸爸妈妈。这是一个非常重要的进步,标志着孩子不再仅仅局限于表达自己,而是开始意识到他人的存在并将自己所说的内容与他人联系在一起。与此同时,我们会惊喜地发现孩子在向别人展示图书时,所持书的方向也是正确的。这些现象都标志着孩子的确开始考虑他人。

当孩子开始能够区分自己和他人,他的人格也得到发展。与小伙伴玩耍的时候,孩子会变得更加果断,同时也开始学着与他人合作。在这个过程中,孩子语言和社会能力同时得到发展。因此我们就能够理解为什么在这些环境中,孩子总能快速、自然、恰当地掌握第二种语言。因为在这个过程中,孩子以一种完全投入的状态去学习,也就是说他们不是在学习语言,而是在适当的环境中学习如何运用语言。

到了5岁左右,大多数孩子都能够清楚地理解语法规律,但仍然会犯一些错误。同样,孩子个体的差异也决定了语言能力发展的不同,因此我们在阐述某一年龄阶段"应该"或"即将"掌握某种技能时十分谨慎,没有标出具体的年龄。比如爱因斯坦3岁时才开口说话;鲁内贝格4岁以前不会说话,但后来成为芬兰著名诗人。但我们也不能根据这些案例判定相似状况的孩子以后一定会成为数学家或文学家。这些例子的意义在于提醒家长不要过分担忧孩子的语言能力发展,也不要耿耿于怀"为什么他与书上所介绍的不一样"?

我们在第四章将就双语培养问题进行更加详细的介绍。接下来,向大家介绍几个语言的基本概念,以帮助父母了解孩子们在学些什么。

语言基本概念

1.6 语言与方言

目前世界各地的人们所使用的语言数量达到了3000—5000种之多。之所以没能统计出语言种类的准确数字是因为我们无法根据语言学将语言与方言区分开——我们或许都在讲方言而且带有不同的口音。再者,语言的划分并不能与地域或行政划分保持一致。比如,如果你从法国的加来出发一直向南前往意大利,在途中你就会发现,相邻村子的村民可以相互交流,但这时你已经到达了意大利。也就是说能够被划分的是国际、政治上的界限,而并非语言。

某些方言,或某些方言群比其他的方言具有优势,我们将其称之为"语言"。但这些优势并不能代表方言的内在品质:与其他的语言相比,这些语言并不更动听、更具有逻辑性或历史更加悠久。他们的优势来自于他们的用处及使用者。这些语言具有书面形式、易被规范和传授,并且被应用到政府管理及教育方面;他们的使用者通常都是受过良好教育的上层人士。因此,"语言"这个称呼就像是一个社会和政治的标签,标志着某种方言得到了官方的认可。由此可见,在方言资格方面的争论,归根结底与政治因素相关。比如,当人们争论是否应该将"布雷顿语"、"苏格兰语"、"巴斯克语"看做语言时,他们真正争论的是生活在这些地区人们的自制权利及地区事务。

尽管我们无法从语言学的角度区分语言和方言,但可以将同

打造双语家庭

一种语言中通常被使用的官方用语与其他方言区分开。比如,挪威语、丹麦语和瑞典语被我们看做"斯堪的纳维亚语",这三种语言彼此很相似、大致互通。另一方面,被我们认为"汉语"的语言中至少有8种不同的方言,而这些方言彼此之间并不相通。由此可见,"挪威语"和"汉语"体现了其政治含义,而不是语言学称谓:他们标志着所涉及的地区为独立的国家。因此也有人说:"语言是具有海陆空部队的方言。"

许多地方的人会说两种方言。如果这两种方言都被认定为官方语言,我们就可以认定这些人为"双语者"。然而,从纯语言学的角度来看,只要人们能够掌握两种不同形式的语言,都可以被认定为具有双语能力。20世纪50年代,飞利浦·瑞雷(Philip Riley)就读于伦敦的一所男子文法学校。在那里,他和同学们接受标准的英语发音训练。由于那个时候伦敦平民口音经常被人嘲笑,因此绝大多数学生在学校和在家里所使用的语音完全不同。所以,有人说:"德国商人下班回家,换上了拖鞋也换回了家乡话",这跟双语者的情况大同小异。这一点再一次说明了由于没有明晰地界限,我们很难统计语言、方言和双语的数量。

当今世界现有的4000或5000种语言中,每种语言所拥有的使用者数量有着很大差别。平均每种语言的使用者为一百万。另一方面,各国拥有语言的种类也各不相同,平均每个国家拥有30种。由此可见,尽管大多数国家都规定了标准的官方语言,但仍然无法实现"每个国家只拥有一种语言,本国领土内公民都统一使用它"的这样幼稚、荒谬的想法。

1.7　书面语与口语

口语是语言形式之一。它的出现早于书面语,孩子们也是先开始学习说话,然后再学习写字的。许多语言没有书面形式,许多人也没有学过如何阅读和写作。口语形式很快、转瞬即逝;而书面语相对比较缓慢、持久。两种形式各有优势:口语反映迅速;书面语保留长久。由于书面语要求投入额外的时间和精力,我们通常习惯将一些重要的信息用文字记录下来,并对其进行细致的编排。但是这并不能否定口语的重要性。同样,我们也不能用书面语的标准来评价口语。如果有人开口说的全是书面用语,我们肯定觉得这个人不太正常。

因此,双语者的语言能力有可能体现为口语和书面语两方面,但是也有可能只针对一种语言接受过阅读和写作方面的训练。

1.8　改变

书面语的性质决定了所记录的内容不易被改变。这种特性使得后代阅读者能够轻松地获得信息。口语的变化相对来说非常快,而这些变化最终也会以书面语的形式体现出来。口语灵活多变的性质使语言能够与人类生活变化保持和谐一致——新的发明、想法、态度和关系都对语言的变化提出新的要求。无法应对这些要求的语言毫无生气。同样,语言中变化也不会向坏的趋势发展,它只是生活的真实写照。

在我们的生活中,语言悄无声息地改变着。我们偶尔会注意到一个新词或说法,但很快就把它忘了,或者将它融入已有的词汇中。即便如此,我们还是会清楚地意识到我们与父母在使用语言方面的差异。同样,孩子和我们所说的话也不一样。如果我们久居海外后回国或者打开一本旧书,我们会惊讶地发现语言变化的速度之快:好像突然间人们开始说"必须的"、"变态"、"依我之见"等等。

语言在不同阶段都会发生变化。听英国广播电台的战事新闻,你会意识到广播员在语音方面发生很大的变化。过去曾经有人争论过,如果让北方人或女人来播报战事,可信度将大大降低。从这一点我们就可以看出语言的变化反映了社会的发展。不过,有趣的是,英国广播电台国际部所聘用的广播员与其他大众节目主持人相比,前者的层次要高一些。

1.9　语言的级别

语言是一个特殊的社会现象,其结构包括不同的级别,而且这些结构拥有不同种类的组织模式。这些结构主要包括:

1)发音:发音是语言的"原材料"并标志着语言的独特性。比如英语的发音、法语的发音、荷兰语的发音等等;

2)语法:单词的结构以及我们将单词进行组合的结构(句子);

3)含义:句子的字面含义以及现实生活中句子的含义。

接下来我们一一进行说明。

发音

每种语言只选用世间所有声音的一小部分作为发音元素,并由人类的发音器官发出来。因此评价一种发音是否"纯正"或"优美"完全依靠说话者的主观判断,而没有客观依据。

口音不仅仅意味着用正确的方式以及使用正确的发音部位发出元音和辅音。口语中除了元音和辅音还包括其他重要的方面,比如词语的重音、单词的长度以及语音语调。

说话者的口音标志着他所属或希望隶属的社会群体,同时还标志着对话者的社会地位。口音会根据我们所处的环境、说话的对象、说话形式、语速等因素而发生变化,而大多数人却无法意识到这一点。这种变化与"不认真"或"说话懒散"没有任何关系。

人们普遍认为,语音与含义之间的联系非常随意,没有规律可循。

语法

每种语言都会有构词法以及造句法(比如英语中我们在动词后加"-er"表示从事某项工作的人)。人们在学习第二外语时,经常将第二语言同自己的母语比较,来体会学习第二语言的难易程度。

世界上不存在所谓不完整或不成熟的"原始"语言。不过的确有一些语言是古时候的人所使用的,但从语言学的角度看这些语言的结构同样很复杂,比如俄语、汉语、英语。

每一种语言都有语法,如果没有语法人们就无法沟通。这是因为无论是说话者还是倾听者,他们都需要根据规则表达自己的意愿并希望被别人理解。如果没有任何文字符号，也就不会留下任何信息了。实际上，没有规矩不成方圆，没有语法的语言无法被人们掌握。另外，各种语言的语法也大不相同。我们也不能狭隘地认为语法仅仅包括词尾变化和句子结构。词与词之间的关系还可以体现在其他方面，比如韵律、音调以及词序。例如，我们经常听人说"英语很简单"，因为"英语没有太多的语法"。如果与德语、芬兰语相比，英语似乎比较容易掌握。但这并不完全意味着英语就是一门"比较简单"的语言。英语的语序排列十分复杂，所表达的含义与其他语言中词尾变化所表达的含义一样。举个例子，这里有个英语句子，其中的词汇排列非常完美"Some of the striking lorry-drivers had driven four abreast up the M1."（一些罢工的卡车司机将4辆M1型号卡车并成一排开过来）。现在试着变化句子中任何一个词的位置，你会发现如果改变了词的位置，句子的含义也一定会变。改变之后的句子不符合语法要求。因此我们可以断定这12个单词所遵循的排列规则是唯一正确的。

　　英语之所以被称为国际语言，并不是因为它简单或其他内在的特点，这是历史发展的结果，然而这个过程中所发生的一切都与英语无关。与其他语言相比，英语中同样有方言和多种模式，这些方言和讲话模式也会根据它们的功能、被使用的状况和使用者分成不同的等级和资格，这种划分与语言自身的内在特性无关。确定一种语言的标准模式非常实用，比如"标准英语"。如果单从语言学的角度来看，任何方言都有可能被定为"标准英语"：标准英语本身并没有任何优越性，它的地位之所以有别于其他方言，在于它的使用者大多为社会高层人士（牛津、剑桥的学者、法官、城市居民、专业团体等等）。如果这些人所说的话为另外一种方言，那么那种方言也会被当做"标准英语"。客观的历史因素决定了"标准英语"成为获得知识和接触某些社会领域的主要工具,但我们也不能因此而夸大它的价值和重要性。

含义

语言中词和句子的真正含义并不局限于最原始的含义。词语的含义体现着当前人们的意愿,与以前的含义没有必然的联系。比如,"热情的"(Enthusiastic)原意指"受到了上帝的启发",但如果现在还继续使用这个意思,别人就会觉得我们要么是在故弄玄虚,要么就是词不达意。

此外,语言中除科学术语(比如 H_2O)有唯一的、明确的含义外,同一个词也会有几个不同的含义。比如英语单词"水"(water)就会根据不同的用法表示不同的意思:"他浇过花园里的花了"(He watered the garden);"他口水直流"(His mouth watered);"主张被淡化了"(The proposition was watered down)等等。根据文中的内容以及前后的句子成分,我们可以判断出这个单词最恰当的含义。

有时,人们在交流中赋予了词汇与句子新的含义,这与其本身的含义不同,我们也要学会区分两者之间的差异。词汇在实际应用中拥有不同的含义,而字典和语法规则所提供的含义解释却很有限。我们以"你不许出去"(You are not going out)这句话为例,从语法和字面上看,这句话只表达一种含义,但在具体的情况下,这句话的表达方式也会有许多种:

> 禁止(爸爸对孩子):"你感冒了,外面又下着雨,所以我不让你出去。"
> 请求同意(妻子对丈夫):"我要出去一下,要是弗莱德打电话来你会接的,对吗?"
> 威胁(劫匪对人质):"你要是想跑,我就开枪。"
> 责备(父亲对女儿):"本周内你晚上不许去酒吧。"

掌握语言的功能性含义至关重要,因为语言不仅仅是表达"含糊"信息的系统(比如"你不许出去")。这种"含糊"的信息要么是真的要么是假的。我们同样使用语言来表达不同的信息,包括:禁止、威胁、邀请、认同、限定、问候、劝说和命令。我们使用语言表达自己的感受、进行社会交往、玩游戏、阐述观点。对于说话者来说,实际行为中所产生的含义至关重要,但我们却无法在字典中找到它们。

除了字典和语法所提供的含义外,现实生活的交流中还存在另外一些含义。其中最重要的一点是生活中那些约定俗成的内容,比如:

> A:我必须得走了,不然就赶不上公共汽车了。
> B:现在11:30了。

如果对话双方都了解当地公交车的时间表,那么 A 就会明白 B 说话的含义:"你已经错过了"或者"时间还早呢"。当然,对于使用同一种语言的人不必过多解释。但是当对方来自不同的家庭、职业或外省市,我们就要介绍一些相关的背景信息:"哦,亲爱的,最晚一班公交车的发车时间是 11 点,恐怕你得打车走了。"

下面这个观点对于双语者非常重要。尽管双语者能够熟练掌握两种语言,谈话者也使用其中一种语言,但由于双语者久居国外,并不熟悉对方所谈论的话题,因此很难了解谈话内容的含义。这与他是否掌握语言无关,而是因为他不熟悉周围的生活,特别是双语者的口语表达能力强,以至于人们觉得没有必要像对外国人一样向他介绍详细的背景信息。

最后应指出的是,认为某种语言比其他语言更有逻辑性或更准确的想法是不切实际的。语言的逻辑性(比如挪威语、西班牙语)并不会与逻辑学家、数学家、哲学家的逻辑性相混淆。尽管有些人,特别是单语者会认为语言的语法结构具有客观逻辑性,但事实并非如此。

1.10 语言的多样性

人们在不同的国家、不同的地域或不同的场合使用不同的语言。例如在法庭、酒吧、教堂、打电话、工作环境、观看足球比赛时,人们会使用不同的语言进行表达。当面对不同的谈话对象,比如朋友、医生、丈夫、妻子、领导或孩子时,所使用的语言也会产生变化。我们不能在任何情景中都使用一种语言模式。语言的使用涉及一系列与社会习俗、背景相关的问题,而人们也正是依赖这些社会习俗和背景确定自己的身份。如果使用比喻的方法,我们认为语言并不像板球那样,运动员只需遵照规则进行比赛就可以;语言更像是一场田径运动会,其中包括短跑、接力、跳高、掷铅球以及其他所有项目,这些项目都具有各自的特点及竞赛规则,并在整场比赛中发挥自己的作用。

再者,如同跳高冠军未必擅长5000米长跑一样,或许语言使用者只在语言方面略胜一筹,而且由于多种不同的因素存在,例如所接受的训练、个人天赋、个人喜好以及不同的机遇,每个人所擅长的方面也会有所不同。

语言的使用规则根据不同行为的性质而改变,比如交流的方式采用口语还是书面、参与者的角色、彼此之间的关系、所发挥的作用以及各自的意图等等。也就是说,每位说话者自身都会带有几种不同的"语体",并且根据不同的情境而随机变化。所以我们说将单一的语言规则应用于所有情景的行为,就好比某人坚持认为只有标准英语才是正确的,或者一定要使用非常正式的语体一样。这种做法是徒劳无功的,因为它无法真正体会到人们如何根据不同的情景采用不同语言形式,也无法理解语言的变化恰好体现了它的灵活性。正因为这些特点,我们才能够使用语言来玩电脑游戏、做广告、写诗歌、做生意等等。"语体"的差异体现在发音、词汇及语法方面。根据情景选择并采用合适语体的能力,实际上与双语者选择合适语言进行表达的能力相同。有些孩子使用英语或法语说"你好"或"早上好"("Wotcher","Good morning","Salut","Bonjour")①,而有些孩子会使用这两种语言进行表达。他们之间没有任何差别。当我们选择不同的结构来表达相同的含义时(比如我们用"你好查理,很高兴见到你"来代替"早上好,布朗

---

① "Wotcher"英语,用于英格兰的东南部,表示"你好";"Good morning",英语,表示"早上好";"Salut"法语,表示"你好";"Bonjour"法语,表示"早上好"。

先生"),其实就像双语者选择语言一样。

1.11 掌握语言

除了少数残疾孩子外,绝大多数孩子至少能掌握一门语言。这一现象使得众多的语言学家认为学习语言的能力在某种程度上与基因进化有关,这也是其他物种所不具备的、人类专有的能力。而且不同孩子的语言发展过程十分相似,这也证实这种假设:孩子们的语言发展都要经历不同的年龄阶段,而且他们掌握语言结构、功能的顺序也十分规律。当然,这种语言习得的能力并不局限于某种特定的语言(比如父母的语言)。例如,一个越南孩子出生在法国,他/她会自然而然地同其他法国孩子一样学习法语。或许学习语言是我们与生俱来的能力,但向他人学习的过程仍必不可少,而且这些人通常都生活在我们身边。

最初,我们身边所熟悉的人很有限:比如妈妈、爸爸或者一些亲戚。从语言学的角度来说,父母的影响在这个阶段特别重要,而且这种影响力将持续几年。当孩子的交流范围不断扩大,他将认识更多的人并向他们学习。接着,对孩子语言发展影响最大的是他/她的伙伴。在学习母语时,我们很少会一本正经的说话(尽管我们在学校中学习规范的表达方式,但并不能同日而语)。

语言习得过程机制是当今争论的焦点。总的来看,争论集中在"结构语言学家"和"实用语言学家"之间对语言习得的不同看法:前者认为孩子根据他所听到的内容,概括出一系列规则并创建自己的语法;而后者则认为孩子将从外界接收的含义同语言联系在一起。尽管实际性与理论性的争执难免有些繁乱,但人们可以

打造双语家庭

看出结构语言学家将孩子掌握语言看成学习代码(他可以使用规则创造和传递信息);而实用语言学家则把孩子看成信息携带者,孩子的主要兴趣集中在不同种类的信息所产生的效果(为他破解语言代码提供依据)。

18   除了以上的差异外,下面列举了一些语言习得方面的关键问题。其中有些问题争议颇多,我们觉得应该简单介绍一下:

首先,一些观点认为语言学习"不应被看做":

—— 语言学习并不是简单的重复学舌。实际上,学舌行为在语言学习过程中仅仅发挥了微小的作用。这是因为语言是系统化的、动态的。我们只能重复系统的某个部分,而无法重复全部。而且,如果学习语言仅仅是重复学舌的话,我们又如何说出从未听过的句子呢?

—— 纠正与被纠正的行为在语言学习过程中效果一般。这一点指出我们学习语言时比较随意,没有被纠正错误。而且即便被纠正了好多次,我们还会犯同样的错误。当孩子所说的句子含义正确但语法错误时(比如"妈妈勺子"①),妈妈通常都不会纠正他,反而表示认同,说"是的,你真是个好孩子"。相反,当孩子所说的句子语法正确但含义有误时,妈妈通常都会予以纠正。比如,孩子说"这是妈妈的勺子",妈妈则回应"不,当然不是,这是爸爸的"。实际上,家长经常纠正孩子的语言,使其符合语法规则,而孩子也感到家长在鼓励自己犯错。所以,如上所述,如果语言学习仅仅是纠正和鼓励,那么长大后我们不仅会讲不符合语法的实话,还会讲符合语法的谎话。

---

① "Mummy spoon""妈妈勺子"句子缺少谓语,语法不正确。

—— 语言学习不是简单的、直线过程。语言学习的过程并非一帆风顺。相反,其中包括许多错误、弯路、来回调整、遗忘以及记忆。也许我们选择一条十分正确的轨道,但发现有一个障碍拦在路当中。这时我们会绕过去、移走障碍物,或选择另外一条路。当我们重新回到轨道,旁观者会认为我们的行为是"错误的",而实际上我们是在解决问题。

—— 犯错误不一定意味着学习失败。错误是语言学习过程的重要部分。当我们处于岔路口时,也许会判断失误,但这同样帮助我们认识到哪条路是正确的。错误时常是一种健康的征兆,它标志学习过程正在进行。比如,孩子说"我去了"(I goed)[①],这表示他已经学习了十分重要的英语动词过去时表达法。只不过他还没有掌握动词"去"的过去式是不规则变化。

接下来,一些观点认为语言学习是:

—— 语言学习是含义的不断积累。只有那些具有含义的行为才为学习提供机会。比如区分字母"m"和"n"的差别,人们通常将这两个字母分别放在两个单词中"mice"(老鼠)和"nice"(美好的)。学习更高层、更复杂的语言内容时更是如此。

—— 学习语言与了解语言不同。也就是,德语语法学者不一定会说德语,而会流利讲德语的人不一定了解语法。也就是说,所有讲德语的人知道德语语法的定义。如果说只有语法学家了解一种语言的语法,就好比认为只有大夫才有躯体一样。

—— 学习是"动力+机会"的产物。小孩学语言通常不需要鼓励,但却需要机会。将孩子关在 21 层的高楼里整天对着电视,

---

① "I goed"正确表达法为"I went"。go 的过去式为不规则变化"went"。

并不能为孩子提供一种充分互动和良好的交流环境,与孩子交流直接影响他对妈妈的语言风格的掌握。另外,同邻居小朋友一起玩,也可以拓展孩子的词汇和语言功能。

——语言是社会现象,所以语言学习是社会行为。语言的许多方面只能通过与众多不同的对象进行直接、面对面的交流才能够被掌握。

最后一点使我们联想到**在家学语言与在学校学语言**之间的差异。或许有人认为两者之间的对比被夸大了。事实上,实验表明两者之间的联系比我们想象的要强。两者之间的差异为:

在学校的社会环境,学生习惯了以教学为主导的互动模式,这与在家中多种目的为主导的互动不同。同时学生也熟悉了多位参与者参与讨论的模式,同样与家中少数参与者之间的互动不同。

学校还为学生提供了系统的训练,帮助他们理解阅读和写作中所涉及的更高阶段的语言功能。这与家中自发的、无人指导的语言习得不同。

如上所述,学校与家庭的学习环境之间联系十分密切。如果学生在学校所接受的能力培养越广泛,他所使用的范围就会越大。对于双语孩子的家长来说,这无疑是个好消息。如果家长在家中也能配合学校教育、增强联系,即使孩子缺乏对一种语言的正规训练,也不一定会影响对它的掌握。

第二章
什么是双语？

2.1 双语概念

如果在街上随机寻问路人："什么是双语？"，估计大部分人都会说："能熟练地说两种语言。"但是，我们却从来不能准确地描述出"熟练"的程度。没有人能够全面地掌握英语。比如，什么是"焊条与壳体壁焊透"、"侵权"或"最高级别"？如果这个人恰好是焊工、律师或飞镖选手，或许会了解这些词汇。然而这样的人几乎不存在。我们每个人也只掌握母语的常用部分。对于双语者来说也是同样的——他们并不能全面地掌握两种语言，而且所掌握的部分也不相同。比如，一位双语者身为律师，在法庭或办公室里她或许只是用英语，但在家里可能用法语，由此我们可以判定，在法律方面她的英语水平一定好过法语，而居家语言则恰好相反。这种情况下我们如何比较两种语言的掌握情况呢？我们只能说两种语言各尽其能。

我们所面临的主要问题，是无法将双语者的两种语言能力进行比较，因为这两者之间没有可比性。这也正是双语研究的核心问题。由此可见，通常情况下普通人对双语概念的理解是不全面的。这个问题也导致了关于双语现象的各式各样的定义，尽管这些定义可以描述某种双语现象，但没有一种定义是详尽的、令人满意的。

这里我们列举了一些经常被语言学家和研究者使用的双语现象定义，但并不能排除这些定义仍比较狭隘或彼此相互矛盾。

> 双语现象就是可以像母语一样熟练地掌握两种语言……当然，对于外国人来说，当他使用两种语言时，我们无法鉴定其熟练程度。两种语言的区别是相对应的。(L. Bloomfield, 1933)

> 最初双语现象被理解为：除母语外，说话人能够用另外一种语言说出完整的、有意义的语句。(E. Haugen, 1953)

> 双语现象完全是相对应的……我们应该将双语现象看做能够交替使用两种或多种语言与他人交流。(W. F. Mackey, 1962)

> 双语或双语现象所指的是一个不可分割的完整体。它并不是两种完整或部分语言的简单相加。相反，双语者所拥有的是独特的语言结构体系。(F. Grosjean, 1992)

> 双语现象指使用两种语言的能力。在双语社会中,人们使用两种语言进行交流,但许多单语者同样存在。在双语社会中,有些工作需要许多具备双语能力的人来担任。这也就是个人双语现象与社会双语现象的差别。(A. Lam, 2001)

从以上的定义来看,即便最简短的定义也反映出双语社会与双语个人之间的重要区别。从理论上讲,在一个双语社会中,可能所有人都只使用一种语言;或者双语者也存在于单语社会里。再者,这些定义强调了双语现象相对应本质的重要性。我们可以根据哪些观点来判定一个人是否是双语者?事实上,这个问题本身就非常武断。

本章中我们将主要从社会的角度讨论双语现象。在下一章我们将重点研究双语个体以及培养孩子双语能力的意义。

2.2 "精英"双语和"平民"双语

我们无法统计欧洲各国相互通婚居民的具体数字。但可以确信的是,在过去的20年里通婚的人数不断增长。对于处于这种家庭环境的父母来说,双语将是一项长期的选择。但对于那些短期居住在国外的父母来说(出于工作或继续深造的目的),双语也许仅仅是短期的行为。英国每年都有将近1.2万名学生到海外攻读本科、研究生学位或从事科研工作。另外,不断发展的跨国公司也推动了这种趋势——20世纪80年代,美国IBM公司就雇佣了2万名欧洲员工,其中 6000 名要派往其他国家工作。

  从上述列举的惊人数字中可以看出,双语现象相当普遍。我们也清晰地意识到,不是所有双语家庭家长都能够有实力雇佣私人保姆或把孩子送到私立的国际学校读书。事实上,他们大多数都处于中产阶级,而他们所面临的问题与"外来工"所面临的一样现实。

  我们觉得这一点很重要,因为这种双语现象所涉及的人群特点为数量少并拥有财富。当我们与同事们讨论这一点时,他们经常认为我们把时间浪费在少数富人身上,简直是自寻烦恼。图库罕玛–伊斯皮诺萨(Tokuhama-Espinosa)在 2001 年的研究报告指出,如今双语和多语家庭的成员组成元素要比过去更广。正如我们之前提到的,与大多数移民人群相比,那些往返于欧洲各国的人士,比如教师、士兵、秘书、技师等等,他们的确具有优越性,但这并不意味着财富就可以帮助他们解决语言问题。这种观念既不正确也无意义。

  也就是说,"精英"双语与"平民"双语之间固有的差异是存在的。有人将"精英"双语定义为:

> 大多数社会中具有优越感的中产阶级,他们受过良好的教育。(Paulston,1975)

"平民"双语为:

> 某一国家中的少数人群,为了生存他们被迫学习第二语言。(Tosi,1982)

图瑟主张：

> 两者间的区别是残酷的,这意味着前者可以利用所操控的教育体系来实现双语;而对于后者来说,别人所控制的教育体系强硬地逼迫他们接受双语。研究结果表示,来自统治阶层的、享有特权的孩子们,无论使用母语还是第二外语,他们在学术方面表现都很出色。

尽管"精英"双语与"平民"双语之间存在着明显的差异,但我们并不能因此就简单认定,那些外国中产者在某种程度上操控着居住国的教育体系。或许使用"择优"双语来表达更为合适,它也可以表示双语模式,而这种模式是指孩子掌握第二语言仅仅是家长的选择,而并非由于经济或政治环境孩子不得不选择的谋生出路。事实上,回想起自己在掌握英语和法语时的经历,我们深深地体会到,仅仅掌握一种语言令人十分无助。

遇到这些问题时,大多数家庭都有自己的解决办法,同时也遇到了下面一些问题:

—— 在双语家庭中处理"精英"双语并非易事,而且没有任何建议可以遵循。我们接触过许多不同类型的夫妇,各方面条件都表明他们属于中产阶级,但他们对如何在家中坚持使用双语一无所知。

—— 在一些案例中,人们所关注的并不是"高贵的外国语",也就是说如果家庭有很强的自豪感,他们不会依赖私立机构(比如国际学校)来保持孩子掌握自己的母语,因为那些学校通常只会关注一些"主流的"语言。

——因此，这样的家庭大多会将孩子送到当地的学校。在许多案例中，家长们反应现代语言环境不能满足孩子们的需求。比如，一个说英语和法语的双语家庭会惊奇地发现，在英国几乎所有的公立学校将法语设定为外语课内容。因此，即便有些孩子的法语相当流利，也无法学习其他语言，只能跟其他同学们一起从基础开始学。

——精英双语者与其他双语者之间的两极分化隐藏了重要的现实问题：如果无法保持双语，人们最终将会遗失自我的语言认知性，也就是通常会遗忘母语。

培养双语者是一件很了不起的事，而且不存在任何危险。但对于许多家长来说，当他们遇到上述问题时，受到了错误意见的影响，又没有得到任何鼓励或实际性的指导，他们就会轻易放弃了。这将使两位家长中的某一方产生强烈的失败感。这也反映出当前的社会问题，比如我们很遗憾地看到，有些孩子无法与祖父母进行沟通和交流。当然，我们不能强迫一个不愿意说双语的孩子接受双语教育，但至少可以提供给家长们充分的信息进行判断和选择（支持或反对）。如果家长们支持，我们就要提供给他们最直接的建议。

2.3　不同的双语社会

我们在本书中注重研究双语个体，因此对双语社会仅作简单介绍。我们觉得了解影响整个社会成为双语或多语社会的原因十分重要，因为个体双语者面对相同的社会压力，只是程度要小得多。

当使用不同语言的人群之间产生经济和商业交往时,双语社会就应运而生。比如讲西班牙语的墨西哥人和说英语的美国人。

在某些国家里,双语现象也出现在少数民族集聚地,这通常源于历史和政治因素,比如重新划分疆土。以阿尔萨斯地区为例,阿尔萨斯人同样会讲法语①。

另外一些国家中,双语使用得更加广泛。例如在坦桑尼亚,小学所使用的教学用语为斯瓦西里语,而学生们所使用的语言为班图语中的一种(有十种之多)或者马赛语(该国东北部地区所使用的语言,非班图语)。

社会双语的一种独特模式被称为"双语制"(Ferguson,1959)。通常来说,双语制意味着语言被用于正式场合、官方用语以及书面语。这些被定为"高雅"的语言模式,与日常交流所使用的"低俗"模式不同。任何语言在某种程度上都存在这个问题,比如在读信时,我们很少会发现"嗨,查理,怎么样?"这样随意的开头。这直接导致了另一个相对立的观点——两种模式之间或许存在轻微的差异,我们可以将他们看做"标准用语"和"方言";或者两种语言完全不同。当解释"高雅"和"低俗"或者"经典"和"标准"的语言模式时,我们所接触的正是双语制中的某一模式。这些社会双语制的模式非常普遍以致没人意识到他们的存在:例如阿拉伯语系和希腊语系之间体现这一点,瑞士德语区的情况也是一样。各地双语者与双语制之间的关系极为复杂,因为人们有可能只使用高雅或只使用低俗的语言模式,或者两者都用,或者对其中一种使用的情况好于另一种。再者许多因素决定个体双语者的语言认知,其中

---

① Alsace,阿尔萨斯地区位于法国东部,紧邻德国。

包括历史、地理、民族、信仰、经济及心理方面的影响。

许多像美国一样庞大、多元化的国家,语言和民族的构成受到了不同殖民时期的影响。以美国为例:

> 美国吸引了世界各地的人们来到这里,从而带来了语言和民族的大融合,殖民过程中体现了一种向心力。而欧洲国家则不同,国家之间彼此分离,殖民过程中呈现出一种离心力。(G. Lewis, 1981)

尽管两个地区都有众多的双语者,他们的社会和政治发展却截然不同。

双语能力或许带有一些都市特点,比如在戛纳的麦地那地区或纽约的西班牙区,大部分居民都讲三种语言。而在其他地区,双语能力或许带有乡村特点,比如新几内亚岛。

人们逐渐意识到:某些行业与双语联系比较紧密。例如许多居住在法国北部的建筑工人祖籍在意大利,他们讲意大利语。有些工作平时也要涉及多种语言的使用,比如翻译、外交服务、IT软件产业的相关分支业务、旅游产业、交流、新闻以及教育。

最后,我们应当了解双语现象经常被看做是上流社会的特点。许多俄罗斯的贵族学习法语并将其当作"第二母语",这或许就是最好的例证。在名著《战争与和平》中,主要人物经常交替使用俄语和法语进行交流。

2.4 双语现象并不少见

世界上几乎一半以上的居民是双语者。这个事实令欧洲人感到十分震惊,因为他们一直认为,能够使用两种或两种以上的语言进行交流很不寻常。如此众多的双语者让人们开始质疑语言与国家或与个人之间的认知关系(详见2.5)。通常人们认为,每个人说一种语言,而讲同一种语言的人属于同一个国家。然而,有迹象表明以国家为单位的群体里,双语交流是主流的社会现象——即便我们无法确定双语者的具体人数,但据统计目前全世界共有6000种语言(Crystal,1997),而如此众多的语言数量与国家个数无法匹配。

当然,我们必须承认并不是每种语言都拥有成千上万的使用者。比如,使用汉语(暂时把汉语看做一种语言,但学术界对此有很多争议)的人数达到了10亿,约占世界总人口的1/4。但其他语言的使用者人数却很少。据报道,20世纪60年代末,北美有一种印度语,使用者是一对年老的姐妹,而且"只在他们偶尔遇见时才被使用"。

再者,各种语言的地理分布也不相同。比如,许多国家把法语当做国语(比利时、瑞士、加拿大),但有些语言的适用范围仅仅局限于一些国家的某些地区:比如苏格兰盖尔语只在苏格兰高地及内外赫布里底群岛地区使用。

即使我们了解了语言的性质并衡量出它们的影响力,我们仍需清楚地意识到,在大多数国家里,人们彼此所使用语言都不相同。由此可以推断,很多人可以使用两种或两种以上语言进行交流。简言之,如果采用"进化论"的理论来理解,大规模的双语现象之所以能够延续下去,得力于它自身的内在优势。

2.5 国家认知与单语国家:以法国、法语和法国人为例

法国经常作为最典型的现代国家被人们所引用。从中央集权的程度来看,法国的确超过了其他西欧国家:全国1/5的人口居住在巴黎及周边地区,这些地区仅占全国总面积的2%。完整、统一的教育体系与制度(如法兰西学院),让人感受到语言的和谐使用和秩序的井井有条。

然而,这种单语现象却是近代社会发展的产物,并且是中央集权进程的副产品。18世纪法国革命以前,巴黎人根本听不懂法国其他省份的方言。最初,宪法委员会决定将所有的法律条款翻译成各省当地的方言,但遭到了雅各宾党①的反对。他们认为旧政权有意保留语言差异,其目的是为了阻止那些使用巴黎方言的贫民夺取政权。他们决定强制施行统一的语言已实现人权平等,而且这也是法国政府一直贯彻的政策:说少数语言或方言的公民,为了自己的利益必须学习说法语。爱博·格里格亚(Abbé Grégoire)曾经负责调查并搜集地方方言的信息,他认为:

---

① 雅各宾派是法国大革命时期参加雅各宾俱乐部的资产阶级激进派政治团体,成员大多数是小业主。主要领导人有罗伯斯比尔、丹东、马拉、圣茹斯特等。1793年6月2日,雅各宾派推翻吉伦特派统治,通过救国委员会实行专政。

> 封建势力保留语言的多样性是为了加强对农奴的统治。如果我们希望获得自由,就必须清除这些糟粕。如果我们希望共和国能够团结、不被分割,就必须尽快使用统一的自由语言。
>
> (关于清除方言的必要性、办法以及统一使用法语的报告,发表于格里格亚,1999)

统一语言政策已经执行了两个多世纪,现在法国上下、从南到北都使用法语。但是"那些封建和农奴制的糟粕"是否都已经去掉?万尔德曼(Valdman)在1976年统计:"有900万法国人思想比较落后,无法将当地语言与法语联系在一起。"从某种意义上说,这些人也是双语者,他们所说的另一种语言包括:巴斯克语、布列塔尼语、阿尔萨斯语、佛兰德斯语、卡塔兰语、科西嘉文语以及奥克西唐语。而这种现象发生在全欧洲语言统一程度最高的国家。

总而言之,如果把200万葡萄牙和北非移民劳工也算在内,那么法国的双语者人数就超过全国总人口的20%。除此之外,法语仍被看做是可以增强国家凝聚力的工具,方言由此退居二线。目前,除几任的教育区的语言部长反复提议要加强国民对法语的学习外,法国政府也没有接受欧洲宪章。甚至人们将此举看做对法国内部团结局面的威胁,所有提及当地语言的行为都是老生常谈:

> 整个法国的国家遗产不仅仅包括历史纪念碑,同时也包括语言和文化,这些都应该保留。地区多样化应当增强国家团结。毫无疑问,这些多样化会侵蚀我们的国家,但它们不能破坏国家的团结。(希拉克 法国语言问题 1975年2月7日)

上面文字的内容,与它的作者——巴黎市长、首相以及最后成为法兰西共和国总统的身份十分匹配。

上述的观点似乎与这本书所要探讨的双语家庭模式无关。之所以提到这些是因为,我们曾经遇到许多家长,他们担心居住地周围的环境会影响孩子的成长。因此,一些家长对孩子进行强制性教育,大多采用关于祖国的文化教育,以培养他们的语言认知。

2.6 官方和个人双语

如果某个国家被认定为官方双语国家,这并不能表示这个国家的居民都是双语者。(Grosjean,1982)指出:

> 在许多所谓的单语国家中,双语或多语者的比例反而很高;而在许多多语国家里双语者的数量反而不多。

官方单语国家

法国、德国和日本应该属于这种国家(Yamamoto,2001)。这些国家的官方语言被绝大多数国民所使用。但同时,这些国家里同样居住原有的或现代少数民族,他们是双语者。同样,有些单语国家,比如坦桑尼亚或印度尼西亚,人们选择一种语言作为官方语言,用来在多语社会里进行交流。

官方双语国家

在加拿大、比利时或芬兰,两种或多种语言被选为官方用语,其中一种语言适用于少数民族。但在这些国家里,不是所有的居民都是双语者:

> 事实上,在双语国家中,双语者数量要比所谓的单语国的双语者数量少。因为人们很少会意识到,双语国家的建立不是为了推动双语现象,只是为了保证两种或多种语言在同一国家内使用并保留。(Mackey, 1967)

格罗斯基恩列举了一些例子,比如以加拿大为例,加拿大的官方用语有两种(英语和法语),而经常使用基础法语和英语的双语者的比例仅占总人口13%;而在单语国家坦桑尼亚,90%的公民经常使用至少两种语言进行交流;还有在双语国家芬兰,双语者人数仅为总人口数量的6%。

官方多语国家

这些国家与瑞士相似,其主要的国语都被认定为官方语言;有些则像印度,拥有众多国语,但只有一部分语言被选为官方语言——宪法中所规定的14种国语中,只有印度语和英语被指定为官方用语(Srivastava, 1988)。我们不能轻易将居住在双语或多语

国家的居民当作双语者或多语者。在印度"只有10%人口可以经常使用印度语和英语"。(Grosjean,1982)

我们一定要意识到,所谓的"单语"、"双语"、"多语"的字样与双语现象的分布没有什么联系。这样的标注最好理解为一种针对少数民族的政治言论,而不能表示双语者在本国公民中的人口比例。这也就是为什么在西欧国家,使用少数语言孩子的教育问题只能通过政府政策和整体规划社会来解决。然而从我们所接触的那些个案来看,更多的要依靠家庭内部成员的相互沟通和支持。

接下来我们将探讨生活在双语环境中的含义,以及不同的家庭背景如何影响孩子双语模式的形成。

第三章
关于双语者的一些问题

3.1 双语能力是一个程度问题

　　大家都知道"双语"的含义。但正如我们之前提到的,一旦想给"双语"加以定义,事情就变得很复杂。我们并非夸大其词,双语现象之所以复杂,是因为它与复杂的社会问题紧密相连。

　　大多数定义都不能准确地解释双语现象,因为这些定义是人们在基于将双语现象理想化的基础上做出的:双语者被认为"能够非常熟练地掌握两种语言的人"。例如,在上一章里(2.1)我们曾经引用布鲁姆弗里德(Bloomfield)的定义——双语者使用两种语言的程度"就像使用母语一样"。可是怎样才像"母语"呢?我们只需环顾四周就会发现,人们说母语和外语的熟练程度都不相同。那么我们将依据什么标准来判定说话者是否达到讲"母语"的水平?

布鲁姆弗里德又补充道：

> 当然，我们无法设定一个标准来衡量一个人对外语的掌握程度：使用母语与外语的熟练程度的差异是相对的。

这个理论并不矛盾，并实实在在地向我们揭示了一个观点：根据"像母语"一样熟练地掌握两种语言的观点，双语者必须为一个整体。换句话说，关键问题在于如何定义**双语的掌握程度**。双语并不是一种非白即黑、全有或全无的现象。它或多或少是一个整体。每当我们评价"弗莱德的德语说得比乔伊好"时，我们就会意识到这一点。

然而，几乎没有人可以完全掌握两种不同的语言，因此我们不能轻易走向另一个极端。豪根认为："双语能力可以被理解成：已经掌握一种语言的人能够娴熟地使用另一种语言说出完整的、有意义的句子。"这个定义或许适合双语能力的最初阶段，但作为定义同样不适用。因为千百万人已经做到了这一点，而不用再为达到"双语者"的标准而继续努力。由此可见，人们对两种语言的掌握水平非常不均衡，所以不能仅从口语交流能力方面来判断说话者是否为"双语者"。

语言学家们也针对双语能力提出了不同的看法。他们认为双语能力的关键不在于对两种语言的"相对掌握能力"，而是"相对使用能力"（比如"他的瑞典语和意大利语说得一样好"或"他每天都说瑞典语和意大利语。"），麦凯（Mackey，1962）认为双语能力是"同一说话者能交替使用两种或多种语言"；而韦恩瑞奇（Weinreich，1953）也主张双语能力是"交替使用两种语言的行为"。当然，这些定义也存在一些问题，但他们的优点在于为语言水平提高留出了空间，而且并不像其他定义那样仅仅强调"熟练地"掌握两种语言。双语者每天都会使用两种语言，我们很难找出语言的使用规律：他们会根据做事目的、说话对象以及所谈论的内容来选择使用哪种语言，而且他们的语言模式也是变化多样的。举个例子：弗雷德瑞克(Friederike)是一名德国学生，她在英格兰居住了几年。回到德国后的一天，她要去银行找客户经理处理一些账户问题。她突然发现自己不知道该如何表达，因为她从来没有用德语处理过银行事务。还有小男孩乔治，他会说英语和法语，而且非常喜欢下象棋。他住在英格兰，经常会代表俱乐部参加比赛。去西班牙度假的时候，他遇到了一个法国男孩。两个孩子开始用法语聊他们的兴趣爱好。恰巧，这位新朋友同样喜欢下象棋，但乔治也发现自己不知道如何用法语来讨论有关象棋的话题。

尽管这些只是短期问题，但他们会时常发生（大多数双语者都需要使用非常有效的沟通技巧来处理这些问题）。双语者在使用两种语言时总会遇到些"障碍"：尽管他们能够听懂别人所谈论的问题（如果他们已经掌握了一些关键"外围"知识，比如象棋规则），但想发表个人意见时，他们就会发现很难想到适当的词汇。

34

在这种情况下，这些关键词就会以另一种语言的形式出现在双语者的脑海中，这种现象被称作"干扰"：

> 由于说话者对一种语言的熟悉程度高于另一种语言，因此在使用后者时有些语言模式将产生偏离。韦恩瑞奇(Weinreich, 1953)

有一个很典型的例子。莫妮卡是位生活在英格兰的法国妇女。在做"全职妈妈"的那段时间里,她只说英语。有一次她在电话里同法国朋友聊天,莫妮卡兴奋地聊孩子的"奶瓶"(boueilles①),而朋友却疑惑地问孩子喝多少红酒。值得注意的是,如果我们通过笔试来检测莫妮卡对两种语言掌握情况,或许结果会很均衡,但口语交流中还是会经常出现这样的问题。

在语言结构或功能的各个方面都会出现干扰现象。例如在发音方面,干扰现象会使读音听上去像"外国口音"。一位以英文为主的英法双语者,在读法语字母"t"和"d"时,没有采用法语的发音规则,而是将舌尖抵住上齿龈的后方,所发出的声音同英文字母一样。

在词汇方面,干扰现象经常会导致说话者在两种语言之间无法选择合适的词。比如一位以法语为母语的英法双语者想表达:"我去书店了",结果他说成了"我早上去图书馆了"②。同样,以瑞典语为母语的瑞英双语者想说"他在我的黑名单上",结果说成了"他在我的坏账上"③。

语法结构方面也会出现干扰现象。最常见的例子就是将一种语言的语法结构用在另一种语言上。比如英语为母语的英法双语者想表达:"他就是我刚才提到的那个人",他就会完全使用英语的语序。同样,法语为母语的法英双语者在表达"他吉他弹得好"时,也使用了法语的语序。

---

① "bouteilles"在法语中指红酒瓶,而"biberons"才是指奶瓶。
② 法语"Librairie"表示书店,与英语中"Library"相似。
③ 英语中"bad papers"表示为黑名单,而"bad books"表示为坏账。

干扰标志着人们对某种语言的掌握非常熟练。在上面的例子里,双语者的两种语言水平并不均衡,其中的一种语言总是起主导作用。然而,从我们所讨论的个人兴趣与经历的因素来看,某一种语言并不是在任何情况下都起主导作用。例如,威廉是位法英双语者,他在法国上学。有一次他参加了在英格兰举办的军训活动。当他想用英语来描述他的校园生活或者用法语来讲述军训经历时,发现无法找到合适的词汇。我们应当注意:对于干扰我们并非束手无策。如果威廉必须向法国人讲述他的军旅生活,他会想到一些关键的词汇,而这就能够使听众们理解他所讲的内容。

以某种语言为主要交流用语的行为,不应当被认为是不健康或不正常的。正如我们所看到的,只说一种语言的人在其他方面仍然很出色(比如潜水、缝纫、养鸽子等等)。对于双语者来说也是一样的。关键问题是,人们评判双语者语言水平的标准与单语者的不同,几乎达到近乎完美的要求——他们要求双语者像使用"母语"一样,在任何场合、任何主题下都能够熟练地使用两种语言。如果我们关注每天所遇见的人,我们就会觉得对双语者的要求要比对单语者的苛刻。抛开那些具有语言天赋的人,我们必须承认大多数人的语言能力有很大差异:我们的邻居擅长讲生动有趣的故事,但却很难写满一张明信片。相反,孤陋寡言的乔治叔叔极擅长写信并乐在其中。

双语者对某一种语言的偏爱,是体现其主导语言的另一种方式。如果我们让双语者自己选择谈论话题的语言,他对语言的偏爱就显露无疑了。然而我们还要注意,认为双语者的一种语言好于另一种的观点,有时是很主观的。也就是说,观察者会发现双语者在使用两种语言时的表现都同样出色。当双语者在使用不太擅长的语言交流时遇到障碍,他就会转而使用自己喜爱的语言,但困难却依然存在。

在众多双语现象中,有一种现象非常重要,被称作"接纳式双语"。也就是说某人能够理解别人所说的话,但自己却无法进行表达。我们之所以认为这种现象很重要,是因为它非常普遍,而且业外人士会将它看成"拒绝讲话"的行为,进而证实双语无效。

产生"接纳式双语"的原因很多。其中最重要的原因就是语言转换,也就是一个群体改用另一种语言。美国的许多移民群就是语言转换现象及接纳式双语的最佳例证:

> 与成人不同,孩子们并没有完全掌握挪威语。他们首先丧失的是书写能力,接着是阅读能力。对于父母来说,保留这些能力要付出巨大的努力。与此同时,孩子们成功地将挪威语限定在一定的使用范围。他们仅仅同家庭中的长辈(祖父母)讲挪威语,而与其他人讲英语。如果他们在交流时处于主导地位,他们就会彻底放弃使用挪威语,甚至与父母交流时也不用。这就会出现典型的双语现象——父母使用挪威语而孩子则用英语回答。最终,迫于这种尴尬状态的压力,父母不得不屈服而采用英语。(Haugen, 1969)

这个案例中出现了语言转换(父母最终放弃讲挪威语)。当他们再次遇到使用挪威语的朋友,他们或许还可以恢复口语能力,但孩子们却不太可能。尽管孩子们能够听懂,甚至看懂挪威语,但不能用它来进行口语或书面语表达,因此他们处于"接纳式双语"状态。

如果语言转换是导致接纳式双语现象的唯一因素,那么接纳式双语就不能成为我们真正关心的问题,因为它仅仅是移民群体的某一个社会特点。而家长更感兴趣的是另外一些导致接纳式双语的原因。其中最重要的一点是双语现象的模式,也就是家长之间使用一种语言,而与孩子交流时使用另一种语言。在这样的环境里,孩子们完全了解家长们所说的话,但自己却不说或很少使用这种语言。因此他们被认定不会说这种语言。简和喀什摩尔是英语和波兰语双语者,他们使用英语与父母交流,而父母之间使用波兰语进行交流。简和喀什摩尔能够听懂波兰语但却不讲,由此可见他们是接纳性双语者。这种现象在双语家庭非常常见,两种语言的使用也安排得十分妥当。业外人士或许会批评这种现象,因为孩子"没有使用另一种语言"。但我们还要关注这种现象的积极一面,承认孩子们能够听懂语言,而且整个家庭也采用了有效的交流方式。

另外,在这些案例中如果父母突然决定要恢复使用母语,通常孩子会很快地、毫不费力地提高其母语的表达能力。这一点对于那些要回到原籍的父母来说尤为重要(因合同到期或退休等原因)。这些孩子回国后接受当地的教育或走亲访友时没有任何障碍。

接纳式双语多样性的另一个重点,在于家长中的一位能够听懂另一位家长与孩子交流时使用的语言,但他/她不会用这种语言进行表达。例如在瑞雷家,妈妈经常用瑞典语同孩子们交流,而爸爸则使用英语。爸爸能够听懂用瑞典语的每一句话,但他却从不讲瑞典语。偶尔有一次他试着说瑞典语,结果惹得孩子们笑得在地上打滚。这种接纳式双语对于许多成功的双语家长来说十分重要。让我们设想一下,如果在同一个家庭环境里,两位家长使用不同的语言与孩子进行交流,而其中的一位或两位互相听不懂对方的语言。在这种情况下,将会发生什么?毫无疑问,家庭中充满了没完没了、令人厌烦的翻译和信息传递,甚至会导致交流失败。事实上,在这种情况下,要么"格格不入者"迅速成为接纳式双语者,要么整个家庭刻意成为单语家庭。以南希为例,南希是个美国姑娘,嫁给了一位不会说英语的法国人。当他们的大儿子出世后,南希同孩子说英语。但慢慢长大的儿子在与父母交流时,经常出现问题:父亲经常会打断他们的谈话,要求解释和翻译。由此,整个家庭的交流用语变成了单一的法语。4年后女儿出生了,南希使用双语(英语、法语)与女儿交流。这个时候,爸爸也掌握了一些基本英语,家人的交流变得更加便利。但这时大儿子又出现了问题,他不断打断家人的英语对话,要求解释。幸运地是,儿子在美国居住几年后,他的英语水平得到了提高,已经能够听懂妈妈和妹妹的谈话内容了,因此这个家庭又发展成为双语家庭。这个案例表明个人双语或某个家庭内部的双语模式都不是静止的、固定不变的。许多家庭由于环境的改变,由一种语言交流模式转为另一种模式。然而,这种转变也遵循着一种规律:如果在一个家庭中,一位家长听不懂另一位家长所说的语言,这个家庭几乎无法保留双语。我们不排除会有例外,但通过众多的案例分析,我们觉得可以认定这种结局是不可避免的。

接纳式双语的另一种多样性体现为不对称双语:讲话人的口语好于他的听力。关于这个问题,拜尔思莫(Beardsmore)以一位英语专业的法国留学生为例。这位留学生到英格兰北部地区度假时发现,尽管那里的人们都能听懂他所说的英语,而他却无法听懂当地人所讲的话——至少在最初阶段他听不懂。家长应该意识到，我们孩子也会出现这样的情况，但这并不严重，而且短期内就会消失。了解不对称双语的成因并不难。我们以英格丽特和马修姐弟为例，他们是法德双语者。两姐弟在法国跟爸爸学习德语。除了偶尔去德国旅游，他们很少接触德国当地的口音及说话方式。他们能够完全听懂爸爸说的德语，但如果另一个人所讲德语在形式上跟爸爸讲的不一样，或者跟爸爸的年龄有差异，或者来自德国其他地区，两姐弟就完全听不懂他所讲的话了。因此，我们再次强调，单语者也同样会遇到这样的问题。菲利普·瑞雷的父亲是英国人，但从来不愿了解美国人所讲的话。如果某个人突然从英格兰南部到北部，即便有电视的存在，他仍需一段时间来适应当地的语言。16岁的法英双语小姑娘到约克郡的哈利法克斯度假，有人觉得她英语讲得好，就夸奖她"你的英语没有口音"，小姑娘回答："是的，但是您有。"

3.2　复合双语与对等双语

首先，我们应当声明关于这两种名词之间差异的辩论已不再是业内争论的焦点。双语学家认为两者之间的差异极为简单。但我们之所以在这里讨论这个问题，是基于以下两个原因：首先，两者之间的差异曾经具有很强的影响力，而且仍被广泛应用于许多专著/学术文章及百科全书中；更重要的是，这两个概念的产生体现了双语现象的某些最重要的特征。尽管最终的答案是错误的，但对两种名词的差异提出质疑仍是正确的。

复合双语与对等双语之间的差异最初源于双语者在语言认知

结构方面的差异。这种差异通常与双语者双语能力的培养环境有关,但两者之间的关系并不是必然的。这种假设是鄂润(Erin)和奥斯古德(Osgood)在1954年根据韦恩瑞奇的理论提出来的。

韦恩瑞奇主要关注语言环境中的描述性问题,在不同的语境中,语言系统相互联系。在他的专著《语言联系的符号本质》中,他分别分析了复合双语、对等双语和次对等双语:

—— 对等双语指双语者具备两套独立的功能语言体系;

—— 复合双语指双语者具备两套语言符号;

—— 次对等双语指双语者以一种语言为主,他们掌握两种语言符号,但只有一种语言起到主导作用并具有含义;

他的描述或许有助于澄清三个概念之间的差异(虽有些过于简单):1. 根据含义及表达方式,将双语分成两种完全独立的系统; 2. 双语者掌握唯一的语言含义体系,但同时掌握两套平等的表达方式;3. 双语者掌握一种语言含义体系、一种主导语言的表达体系以及一种次对等语言的表达体系。

鄂润和奥斯古德都是心理学家,他们主要研究双语者的语言认知结构,特别是以语义为单位的认知表现。他们修改了韦恩瑞奇的分类,将双语现象分为对等双语和复合双语。这种假设很有意思,使他们可以根据双语儿童的成长环境,推测孩子的语言行为:如果一个孩子生活在一个双语家庭里,父母每天都用两种不同的语言同他交流,而另一个孩子在家中使用一种语言,但在外部环境中则使用另一种语言,那么与第二个孩子相比,第一个孩子的双语能力较为"复合型"。而且第一个孩子的双语能力是在同一语言环境里培养的,而第二个孩子的双语能力则在不同的语言环境中形成。

众多的语言学家花费了大量的时间和精力,试图研发出越来越复杂的方法,以测试出双语者的语言能力是否为"复合双语"还是"对等双语"。不幸的是,绝大多数实验的结果都趋向于两者之间,也就是说"典型"的对等双语和复合双语几乎都不存在。

迪乐(Diller)在1970年反对将两种双语现象进行区分,认为这是一种"概念性的假象"。也就是说韦恩瑞奇所提出的三种分类并不正确,而且他也并没打算将这种分类限制在词汇阶段,而是试图应用到语言的其他阶段,比如语法和发音构成。这一点很重要,因为心理学家所使用的测试手段,大多需要依赖单词列表和"对应翻译",因此并不适用于语法和语音的测试。

再有,即便是在词汇阶段,这种认为两种语言(对等或复合)相互之间完全独立的论点也是虚假的。大多数双语之间都存在大量含义相同的词汇,因此从理论上就可以推翻"典型对等"双语的说法。例如,人们熟悉的英语单词"python"与法语中的"python"①非常相似。其他词汇虽然拼写相似,但意义不同,比如法语的 table 与英语中的 table②。另外还有一些词汇尽管拼写相近,但含义大相径庭。最好的例子就是英语的"comfortable"和法语的"confortable"。(法语中的"confortalbe"表示生活安逸,如他生活无忧无虑;而英语中的 comfortable 表示舒服,比如他在医院住的很舒服)。因此,即使我们只关注词汇阶段,双语也不可能仅仅为"对等"或"复合"模式。

1972年莱姆伯特(Lambert)提出了新的定义,这个定义涉及了

---

① 英语和法语中"python"均表示巨蟒。
② 英语中的"table"指桌子;而法语中"table"指表格。

接触第二语言的年龄标准。复合双语的定义为:

> 从婴儿时期就开始完全生活在双语家庭环境中;而对等双语者则是在婴儿期后才接触第二语言,通常都是在10岁之后,而且接触双语的环境并不在家里。

这一定义修正了原有的双语定义。在这个定义中,莱姆伯特提到了如何根据掌握双语的年龄对双语的种类进行分类(详见第三部分年龄)。

最后对复合/对等双语理论提出质疑的观点是,双语的主题在不断改变,复合双语会变成对等双语,反之亦然。这主要取决于双语者的行为以及他们对语言的使用。正如麦克纳马拉(Macnamara 1970)提出的:

> 人们学习语言的方式不可能决定他一生的语意体系。

例如,一位法国妇女居住在英国长达10年以上,但她每天都会在家中同自己的英国丈夫讲法语。如果对她的双语进行测试,她目前的状态一定比刚到英国时更趋向"复合双语"状态。

3.3 掌握语言的年龄

将双语者的年龄阶段进行分类很容易,大致分为:婴儿期、幼儿期、青少年期和成人期。

婴儿期

这个名词或许会让纯粹主义者吃惊,因为大家通常认为婴儿"不会说话"。但这个定义或许是正确的,因为它强调了我们所关注的孩子,从不会说话发展成为会说两种语言。

也就是说,婴儿双语的案例必须证明孩子同时掌握了两种语言。本书中我们所观察和访问的家庭里,这是非常普遍而且成功的双语现象。让我们来看一个典型的例子:

菲利普出生在英国,他的妈妈是法国人、爸爸是英国人。因此,他在家里经常接触法语,而且时常去法国度假。当他开始在学校学习阅读,他也开始在家里阅读法语书。这么一来,他就成为"双语阅读者"。6岁时他在法国居住了6个月并就读法国小学,这对他来说没有任何问题。当问到掌握两种语言有什么感受,他的回答是"很正常",但不会说德语让他感到有些遗憾。但目前他与德/法双语的表哥一起玩,希望通过这种方式努力学习德语。

在一些婴儿双语案例中,家长在家中使用一种语言进行交流,孩子整天与妈妈待在家里,造成孩子掌握另外一种语言的方式只能是"接受式"(见3.1)。他会同妈妈一起去买东西、听收音机、看电视、听父母与客人和朋友谈话,这些活动都不能刺激孩子积极地使用第二种语言进行交流,除非当他能够与邻居孩子交朋友、去游乐场玩或去幼儿园。这个过程非常自然——也就是说除非孩子需要使用第二种语言,否则他们不会去主动使用它。因此,当孩子(比如3岁的简马克)不讲英语时,家长千万别担心孩子以后也不会讲。当孩子需要的时候,也就是当他遇到说英语的成人或小朋友时,他自然会讲。所以,担心孩子语言习得之前,我们应当先关注他们的社会生活。

根据数据统计,双语婴儿和幼儿比单语孩子说话略晚,但这仍属正常情况。也就是说,双语孩子开始说话的年龄完全符合对单语孩子语言发展的要求。实际上,女孩和男孩在语言发展年龄方面的差异要大于单语和双语孩子的年龄差异(通常女孩说话比男孩早几个星期)。再有,孩子在家庭中的成员地位也是造成差异的原因之一:通常第一个孩子开口说话比较早,因为父母将所有的注意力都集中在他身上。最后要考虑个人的因素。年龄上的差异平均为8—15个月。同一个家庭里的不同孩子也会有这种差异:玛格丽特是家里的长女,她在7个月大之前就能说"在这儿",而她的弟弟到了3岁才仅仅会叫姐姐的名字和说"不",后来弟弟也赶上了姐姐。

幼儿期

幼儿双语貌似对两种语言成功地掌握,但同时掌握和随后掌握之间的差别却并不清晰。McLaughlin(1978)提出3岁之前掌握一种以上语言都应被看做为同时,但是Romaine(1999)则提出这种标准太武断,因为成功掌握语言的普遍因素是全家移居到另一个国家,这就意味着孩子要度过一段艰难地适应期,而这期间也是学习语言的过程。而且,大量事实证明如果孩子全面接触新环境,他们学习新语言的速度非常快。当然,学校老师和同学对孩子的帮助程度也非常重要,但这一点就没办法保证(见第三部分 学校生活)。在我们所调查的案例中,基本上家长都会表示非常吃惊地看到孩子顺利地进行转变,他们也感到很欣慰。例如,两个葡萄牙孩子(5岁半和3岁半)9月开始在法国上幼儿园,他们俩被称为"在5

个月内语言能力发展比其他孩子快"。这个案例并不稀奇。

孩子们学习语言速度快,他们忘记得也很快。最关键的因素还是使用和需要。如果孩子不需要使用一种语言来进行交流,他很快就会彻底将它忘记。

安东尼的父母是奥地利人和法国人,他是家里的长子,出生在巴西。安东尼从小就会说葡萄牙语。3岁半的时候,他跟父母回到了法国。不到10个月他几乎忘记了所有葡萄牙语,而他的法语从最初的接受式转变成非常地道的程度。

由于家庭并不是静止的,我们可以发现同一家庭里的孩子们可以通过不同的方式来发展自己的双语能力。比如,我们已经提到的,跟父母迁移到外国的孩子们可以比较顺利地掌握第二语言。另外,如果家庭成员之间建立了某种沟通模式,家里的小弟弟、小妹妹也可以同时掌握两种语言。

在外人看来,那些经常迁移的家庭会随意地掌握或丢弃语言。比如,一位英国使馆官员曾在欧洲、中东、南美和斯堪的纳维亚地区工作过,他回忆自己较大的孩子"学习过6种语言但忘了5种"。由于家人们一直坚持使用英语交流,因此他并没觉得有什么大碍。

然而在某种环境中,积累地语言或许可以被保留下来。我们能找到的最好的例子是位4岁的印度男孩,他可以讲5种语言(然而,他妈妈却说他不知如何用英语来表示礼貌)。瑞雷家是3语家庭,他家的交流模式为:妈妈和爸爸用英语交流,但妈妈在芬兰生下第一个孩子后就开始使用瑞典语同孩子交流。这也帮助爸爸掌握瑞典语,但爸爸还是坚持用英语同妈妈和孩子说话。他们的第二个孩子出生在马耳他,这时家庭成员已经是双语者了。兄妹之间通常使用英语交流。随后全家搬到法国,两个孩子开始在学校快速地学习法语,而且没遇到什么麻烦,这时他们已经成功地掌握了3种语言。第三个孩子出生在法国:她在家学习英语和瑞典语,在学校学习法语。当第三个孩子法国中学毕业时,她的法语占其交流的主导地位。然而,随后她在英国居住了4年并在一家跨国公司工作,工作时基本使用法语和英语。这个例子说明幼儿时占主导地位的语言不能决定成年时的主要语言。

青少年期和成人期

青少年双语指人们过了青少年期之后才成为双语者。成人双语是指那些成年以后成为双语者的人。尽管婴儿和幼儿双语意味着幼稚或奶声奶气的发音,那么后期则更多代表不地道的口音(见第四章)。

3.4 分享两种文化

文化,社会的生活方式,它影响着我们生活的方方面面,包括习惯、习俗、穿着、饮食、信仰、价值观、观点以及对礼貌和审美的判断。生活在某种特定的环境中,人们在毫无意识的状态下接受了文化的大部分内容,其中绝大部分在某些方面与语言有着直接的联系。人们通常都会将个人的文化习俗与本性混为一谈,也就是因为这个原因,只有遇到不同生活习惯或来自异国他乡的人,我们才会意识到文化与习性的区别。当我们意识到这些区别时,比如有些人会吃蜗牛、薄荷酱或羊眼睛,这些区别通常都会使我们大吃一惊。

双重文化是指两种文化同时在同一个人身上体现。双语现象和双重文化并不一定同时存在,正如我们之前提到的,在有些国家中许多语言并存,但在教育和行政事务方面人们会普遍使用一种语言。另外,许多单语者也同样拥有双重文化,比如无论在英国还是在美国,越来越多的生意人、学者和艺人主张"男女是平等的";而在爱尔兰、苏格兰和威尔士,虽然人们都说英语,但这些地区人们还是保留其独特的文化(比如立法或教育体系以及他们的品味和习惯)。

有些人认为同一个人既说德语、住在德国的纯正德国人又说法语、住在法国的纯粹法国人,这种观点不切合现实,因为每个人只能拥有一次人生、一种身份。总的来说,生活在两种社会的人体现的是两种不同文化的融合。在两种文化中,他们或许觉得都很舒服,个人表现非常得体,而且随时随地表现出对两种不同文化的忠诚。只要两个社会相安无事则一切顺利。只有间谍才可以将体现自己文化和身份的蛛丝马迹隐藏的天衣无缝。"释放自我"是人与人之间沟通的宽宏大度,而不是不良习惯。因为只有这样我们才能彼此了解。我们所说的每一句话都在向外人展示自我。对于双语者来说,与人交流时还会流露他的另一种文化修养。比如,一个居住在法国长达10年之久的英国人,依然能够以英国人特有的方式,表达出由于孩子的出生使他的生活受到了干扰:"社交生活,结束;周日懒觉,没戏;每两周到酒吧略微放纵,要看是否有运气。"

当一个人突然来到新的文化环境,他/她通常会经历众所周知的"文化差异"过程。主要的症状表现为:

> 46　　对于突然迁移到国外的人来说,文化差异或许可以被称为一种职业病。主要是由于人们突然失去了所有熟悉的社会交往符号和标志而产生焦虑而引起的。经历了一些冲击后,人们会觉得绝望、焦虑。人们在焦虑中的表现通常都一样。一开始他们都会躲避感觉不舒服的环境。(Kalervo Oberg,1972,Casse 引用 1984)

如果一个人生活在有文化差异的环境里,他学习相关语言的可能性非常小。这是因为语言是社会的主要组成部分,而这个社会却已经被他拒绝了。但是文化差异并不会限制那些不会使用相关语言的人或社会底层人士。最近在欧洲就大学生对其他国家的态度进行调查,这些学生根据课程安排需要在国外居住一段时间。调查结果显示,语言水平高的学生会因为文化差异而讨厌自己所居住的国家(Coleman,1996)。有趣的是,那些会说当地语言的学生经常在生活上遇到麻烦。如果在说话时你犯语法或词汇错误,人们只会说你说的不好。但如果你犯了文化方面的错误,人们就会说你做的不好了。

尽管孩子同成人一样也会经受文化差异(仅限于我们采访过的那些中产阶级家庭),但通常他们都不会觉得很痛苦,而且这种经历的时间也很短。这是因为他们得到了父母的保护,不必承担父母的责任,而且他们具有超强的愈合力和接受力。比如,孩子在当地上学会帮助他们快速地掌握当地语言并融入当地社会。也就意味着他们会比父母更早地接受新的环境。众所周知,通常都是孩子帮助自己的父母了解并接受居住国的生活方式。当然,比如双语家庭中有一位家长就是目的国的公民——当捷克法语家庭回到法国,所有的问题都会大幅度减少。尽管我们无法完全有效地解决由于迁移所带来的种种困难,但这正是培养双语孩子的关键。

值得人们注意的是,如果父母根据新的生活环境而过度调整自己,他们会抛弃原有的文化和语言。而这种行为会被孩子们看成是一种"背叛"。我们通常都会遇到,有些孩子过了青春期会坚持学习父母的母语。当然,他们努力的程度也不同。比如多米尼克,爸爸是法国人,妈妈是英国人,他从小在法语环境中长大。13岁时他开始对英语、英国及英国人产生浓厚的兴趣。不久他便坚持用英语与母亲交流。现在他独立生活,但始终用英语与母亲交流。母亲最初觉得很难改变他长期养成的习惯,但非常愿意尝试并且对结果很欣慰。现在多米尼克已经可以讲一口流利、纯正的英语而且在法国大学里主修英语专业。还有一个例子,芭芭拉是一位移居美国的意大利移民家庭的第二代,她现在在意大利学习并研究家族发源地的方言。

双语家庭中的孩子在某种程度上或许会意识到,人们希望他们能够辨认两种不同文化行为。而这种状态不会引发两种文化之间的冲突。例如6岁的菲利普同法国妈妈生活在法国。有一天他看到妈妈在摘菠菜,准备做午饭。他喜欢吃菠菜。沉默了很长时间后,菲利普对妈妈说:"法国小孩不喜欢吃菠菜,这不好了。现在是午饭时间,我是英国孩子。"

大量的研究表明,跨国家庭的孩子都带有双重文化,而且不会拒绝其中一种文化。重要的是,这些研究都在加拿大的英法父母中间进行,即便他们不全是双重文化,他们也非常希望能够培养孩子们的双重文化意识,雷博(Lambert)认为:

> 我们发现具有很强接受能力的青年拥有宽广的视野,他们喜欢代表两种不同的文化背景,而不是文化冲突。除此之外,我们还可以展示双重文化的附加模式:研究中,孩子们被安置在两种文化之中,他们非常喜欢同时代表这两种文化。(出自 Hornby,1977)

在这里强调语言和文化并不是一种偶然,我们觉得语言和文化的位置同等重要。在大多数案例中,孩子们既要接受新的文化世界,同时又要将新的文化与其原有的文化相融合。没有人是"单一的文化体",一生中人们会在不同的时间属于不同的群体,每个群体都有自己认同的行为和说话方式。在足球俱乐部里的行为和言谈就不适用于在公司与同事或在家与家人使用。所谓的"单一文化"夫妇非常少见。大多数情况下,夫妻双方都会根据对方的文化背景来调整自己。比如伊迪斯的妈妈出生于小资产阶级天主教家庭,而爸爸来自新教农夫家庭。的确,这对老夫妇在做饭、穿衣、对事情的反应方面都不相同,但他们的孩子仍然在一种祥和的环境中长大,一家人共同生活了 30 年。这对夫妇创造了自己独有的家庭文化,而这也并不稀奇。

本章中我们谈到了语言的使用模式及其文化内涵对孩子双语模式形成的影响。在第四章里我们将继续讨论孩子的语言培养以及双语者如何运用两种语言,使他们为交流增光添彩。

第四章
培养双语儿童

同时掌握两种语言

据我们所知,一些语言学家在观察自己孩子的成长过程时,记录了一些孩子同时掌握两种语言的案例。他们往往通过写"语言日记"的方式,记录孩子全部或早期童年时的语言发展过程。

如果从严格的科学角度看,这种研究过程带有明显的弊端。如果这些家长亲自从事这项研究,其结果很可能是被歪曲的,无法证明整个研究成果是客观的并具有普遍性。然而,随着信息采集技术的不断进步,特别是采用了录像、录音技术,大大增强了信息的可靠性(Deuchar and Quay,2000;Vihman,1999),而且对于未来的双语家庭来说,这些技术非常有用——家长可以借鉴以前的成功经验。

所谓"成功"是指,在所有采用这种研究方式的案例中,孩子们在成长过程中的表现都非常"正常",孩子没有表现出任何不安的迹象。而且研究表明,尽管有些孩子在家里主要使用一种语言进行交流,但当外界环境发生变化,他们就会使用另一种语言。由于这种现象时常发生,孩子的家长们非常想了解这种现象的产生规律。在案例3中,一位只说德语的外婆去女儿家做客(女婿讲法语)。当时小外孙只有3岁,刚刚开始学说德语。然而,当他注意到外婆听不懂他讲的法语时,他所说的德语就变得流利、易懂了。

这里我们想强调,无论在语言还是其他方面,我们完全无法预测孩子们的表现。杜·胡雯(De Houwer, 1999)曾表示:家长的态度和理念会影响孩子语言学习的直接环境。在这个环境中,孩子发展其语言能力和其他技能,而且这种环境也会决定父母使用某一种特定语言与孩子交流的频率。因此,我们先将所有研究案例中的儿童双语现象进行分类,即使人们对这种分类争论不休。分类的主要作用在于:就孩子的语言培养方面问题,为每个家庭提供了一种可以参照的依据,使他们能够描述并了解自己家的情况。但如果没找到同自己家情况完全一致的案例,家长们也不必担心,因为各家的差异情况不计其数。过去的10年里,研究者提出了许多不同的双语家庭分类方法,每一种都体现着研究者本人的观点。比如杜珀克(Dopke, 1992)所提出的双语家庭类型是基于相互作用原理,而且通过在不同的环境中采用"一位家长使用一种语言原则",可以预测出孩子接触不同语言的方式。近几年,瓦玛摩托(Yamamoto, 2001)提出的分类模式强调:在"多语家庭"中孩子只是潜在的双语者。他提出与欧洲国家相比,在日本家庭中"母语"和"本地语"之间几乎没有差异。我们所提出的分类方法在1995年被罗梅恩(Romaine)所采用,最近图库罕玛-伊斯皮诺萨(Tokuhama-Espinosa)又将多语儿童融入我们的分类方法,进一步使其完善。而且,图库罕玛也认为教育目的以及复杂的家庭内在原因是决定孩子语言发展的因素,所以他同我们的观点最接近。他认为:"家长不能把家庭成员当作实验对象,一丝不苟地采用设定好的教育手段,而是应该让孩子们在多语(或双语)的家庭环境中跌跌撞撞地向前走。"

4.1 双语家庭类型

下面我们从专业角度将双语家庭分为以下五种类型。每种类型都有自己的特点。我们还将每个研究案例的作者列举出来。

1. 家长:两位家长各自使用不同的母语;每一位家长对其配偶的语言都有一定程度的掌握。

本地环境:其中一位家长的语言是这个地区的主要交流用语。

策略:孩子出生后,每位家长都用自己的语言与孩子交流。

研究包括:

作者	妈妈的语言	爸爸的语言	本地语言
罗杰特 Ronjat	德语	法语	法语
里欧伯德 Leopold	德语	美国英语	美国英语
拉夫勒-恩格 Raffler-Engel	意大利语	美国英语	意大利语
泰彻讷 Taeschner	德语	意大利语	意大利语
安伯格 Arnberg	英语:不同方言	瑞典语	瑞典语
图库罕玛-伊斯皮诺萨 Tokuhama-Espinosa	西班牙语或法语	法语或德语	法语+德语

第二部分的案例 1、3、7、11 属于这一类型。

2. 家长:两位家长各自使用不同的母语。

本地环境:某位家长的母语是当地的主要交流用语。

策略:父母与孩子交流时使用非当地语言,而孩子在家庭以外的环境中(特别是从上幼儿园开始)所接触的语言都是当地语言。

研究案例包括:

作者	母亲语言	父亲语言	当地用语
凡蒂尼 Fantini	介于美国版西班牙语	美式英语	美式英语
翟艾尔 Zierer	西班牙语	德语	秘鲁西班牙语
杜卡 Deuchar	英式英语	西班牙语	英式英语
万曼 Vihman	美式英语	爱沙尼亚语	美式英语

哈丁伊迪斯家就属于这类双语家庭。

3．家长:家长使用相同的母语;

当地环境:当地的语言不是家长的母语;

策略:家长同孩子交流时使用母语;

研究案例包括:

作者	家长语言	当地用语
豪根 Haugen	挪威语	美式英语
杜伯尼克 Bubenik	捷克语	加拿大英语
欧科萨 Oksaar	爱沙尼亚语	带有德语的瑞典语
卢克·段韦那 Ruke-Dravina	拉脱维亚语	瑞典语

第二部分中的案例2、8、15、16属于这类双语家庭。

4．家长:家长使用不同的母语;

当地环境:当地语言与家长的母语不同;

策略:从孩子出生起,每位家长都用自己的母语同孩子交流;

研究案例包括:

作者	妈妈语言	爸爸语言	当地用语
埃尔维特 Elwert	英式英语	德语	意大利语

第二部分中案例 5 以及瑞雷的家庭都属于这类双语家庭。

5. 家长：家长使用相同的母语；

当地环境：当地语言与家长的母语相同；

策略：一位家长经常使用非母语语言与孩子交流；

研究案例包括：

作者	父母语言	被选的第二语言	当地用语
帕斯特 Past	美式英语	西班牙语	美式英语
迪米崔杰维克 Dimitrijević	塞尔维亚语	英语	塞尔维亚语
索恩德斯 Saunders	澳大利亚式英语	德语	澳大利亚式英语

从这些公开的案例中我们学到了什么？

McLaughlin(1978)对这些公开案例进行了概括：

> 简而言之，从语言习得的特点以及发展规律来看，双语儿童与单语儿童的语言习得过程是一样的。双语儿童还要区分两种语言体系，但这不需要特殊的语言培养方法。

换句话说，双语儿童掌握两种语言的方式和顺序与单语儿童一样，只是他们需要区分两种不同的语言。而且，双语者区分两种语言所使用的方法，从本质上与单语者区分自己与其他语言体系是一样的。因此，双语者所使用的思维程序跟所有人一样，只不过更为广阔和精细。

4.2　培养双语与单语之间的相似之处

　　一般来说,双语儿童的语言发展速度和模式与单语儿童完全相同。的确,大部分双语儿童的家长普遍认为,他们的孩子说话要晚于单语孩子。另一方面,根据妈妈所记录的孩子初次说话时的年龄(一项研究项目中的数据),双语孩子的平均年龄为 11 岁 2 个月,而单语孩子的平均年龄为 1 岁(Doyle et al., 1978)。然而这种结论并不可靠,那些高标准要求的家长都会质疑:咂嘴唇发出的声音也算说话吗?两种不同的平均值反映了家长们对待语言的严肃性。在我们采访家长时,他们总会说自己的孩子说话晚,而这只能说明他们十分焦虑并且缺乏耐心。如果两种平均值十分接近,我们才应该引起注意。

　　从观察中得到的较为可靠的结论是,单语者和双语者都是以较简单的发音开始(比如 p b d f m n),而较难的发音(ch, j)则相对较晚,辅音组合及双元音同样比较晚。而且这两类孩子对同一事物表达的含义相同。还有,他们都在慢慢增加句子的长度,开始时使用较简单的句子结构,随后便使用复杂的句式,比如关系从句。

　　简单地讲,双语者与单语者之间的相同之处远远超过不同之处。

4.3　区分两种语言

关于双语儿童如何区分两种语言,目前有两种学术流派:一种认为:孩子们最初的状态为一种混合模式,并且逐渐会将两种语言合并成一种语言体系;而另外一种主张孩子们从开始说话就一直保持着两种语言的独立发展状态。

值得注意的是,两种语言的差异并没有过多地困扰双语儿童。而且,对于语言学家或心理学家来说,让他们感到头疼的是没办法听清孩子们所说的话。特别是在一句话中穿插另一种语言,而且两种语言体系之间没有明显的区分。比如,一个3岁大的、说英语和瑞典语的孩子会说:"这是一个雪人"(Det är en snowman)。从这句话中我们可以看出,孩子说出这种句子,要么由于他们不能区分两种语言,要么就是掌握了两种不同的语言体系,因为句子中的词序是完整的(没有多余的词)。而且,值得注意的是,句子中词汇的重读和读音都非常正确:孩子在读"Det är en"时,使用纯正的瑞典口音,而读"snowman"时则是标准的英式英语。使用瑞典语和英语的句子成分完全符合各自的语法规则。产生这种句子的原因有很多,但很有可能是由于孩子们接触过类似这样的表达。

我们必须承认,语言心理学家并不满意这种混杂的语言表达状态。渐渐地,研究者对这种现象的了解变得越来越透彻。例如,一项针对法语和英语语言学研究的实验表明,两种语言发言系统之间存在微妙的互动(Watson, 2002)。换句话说,双语者的确不同于单语者,但他们在培养语言能力时并没有将两种语言分开。只有理论学家才会关注人脑中两种语言之间相互依赖的问题。家长们应当注意的是,要想了解人脑中语言之间的互动,只有通过复杂的计算分析。换句话说,家长无法从孩子日常的交流中察觉出两种语言的差异。因此在现实中,家长要记住下面几点:

——有些孩子从不混淆两种语言,即使有也非常少;

——大多数孩子最开始混着使用两种语言,但他们逐渐会将两种语言区分开;

——"混合"是区分语言过程中的一个环节;

其中第三点对于家长来说很重要。当家长听到孩子说混合句子时,他们就会以为孩子将两种语言搞混了,但事实上孩子们通过这种方式,将两种语言进行越来越微妙的对照,建立两种语言的模式。在我们所举的例子中,瑞典语和英语的语法规则都非常复杂。虽然这句混合句相对简单,但整个句子的语法结构符合瑞典语和英语的语法要求。

对于如何培养儿童的双语能力,沃塔拉和泰彻讷(Volterra and Taeschner)主张的三个主要阶段模式(1978),给出了最有说服力的描述,三种模式的简单介绍如下:

第一阶段

在这一阶段,双语儿童拥有一套兼顾两种语言的词汇体系,但他们的词汇能力并不完善。这个阶段孩子遵循的是"一词一概念"原则,也就是他们要么只使用一组词中的一个词,要么将词汇中的词拆开,用来表示不同事物。比如有一位小女孩会讲意大利语和德语,当她要表示看不见的事物时,她说"la";而当表示看得见的东西时,她就会用"da"。还有一位会说瑞典语和英语的孩子,当表示她的高背椅时,她使用"Stol"(瑞典语),但当表示所有其他椅子时,她就会用"Chair"(英语)。

在这个阶段,孩子们经常会将两种语言中的词汇混合在一起使用,制造出新的单词,这让他们的父母很担心。比如,会说英语和法语的艾玛,几个月来经常说"tati"表示感谢。这是因为她将英语中的"thank"和法语中的"merci"混在一起(两个单词都表示感谢)。格罗瑟基恩(Grosjean)在1982年也引用了几个类似的例子:比如"shot"(法语"chaud"和英语"hot")表示热;"pinichon"(英语"pickle"和法语"cornichon")表示咸黄瓜;"assit"(法语"assis"和英语"sit")表示坐下。有时,孩子们还会将两种语言中相同的词合并在一起,组成合成词。语言学家李奥波德(Leopold,1954)的女儿曾说过"bitte-please",她将德语和英语中的单词"请"合成为一个单词。格罗瑟基恩也提到将法语和英语单词合并使用的例子:"lune-moon"(lune为法语,moon为英语,两个单词都是"月亮"的意思)和"pour-for"(pour为法语,for为英语,两个单词都是"为了"的意思)。除此之外,1岁4个月的艾米丽会讲英语和瑞典语,她也经常将两种语言中的词汇合并在一起,比如"tack-thank you"(前者为瑞典语,后者为英语,两个单词都表示"谢谢");"arter-peas"(两个单词都表示"豆子")等等。关于孩子在掌握双语初期所发生的合并两种语言的现象,语言学家针对两种不同的语言开展了大量的研究工作。实验表明,孩子对词汇内容的掌握(或称为词义)和词汇的功能的使用(或称为语法)之间存在差距。在词义方面,孩子们既能够联系上下文内容又能区分两种不同的语言体系,而在语法方面,孩子们似乎并不考虑上下文内容,只是将同一语法规则适用于两种不同的语言。换句话说,家长们实际关心的是,孩子是否可以轻松地适应不同的复杂语言环境,而这个适应过程既复杂又微妙。

在孩子语言能力发展的早期阶段,语言能力培养也遇到了类似的问题:无论哪种语言,孩子们都采用同一声音体系。李奥波德通过对女儿海德盖德的观察,分析这一现象:

> 2岁的时候,海德盖德所听到的语言比单语孩子要多;但她一直使用一种语音体系发音,没有区分两种语言。

我们自己所收集的孩子观察记录也证实了这一点:当儿子开始说话时,他所说的两种语言听上去都一样。但随着时间的流逝,他慢慢地就会掌握不同的口音。

第二阶段

从这个阶段起,孩子开始掌握两种语言单词,但使用单词的语法规则都是一样。

这个阶段中,孩子们对语言的掌握情况有些复杂:如果有些单词拼写明显不同,孩子就比较容易区分,比如法语单词 cheval 与英语单词 horse(两者都指'马')。但对于那些外表相似的单词,孩子们就不太容易区分,比如菲利普(讲英语和法语)在指"orange"(英语表示橘子、橘黄色)的时候,会用法语的发音方式读音(最后一个音节重读);但在读英语的时候,他又将重音放在第一个音节上。在这个阶段,孩子们还会遇到有些单词只存在于一种语言,而在另一种语言中没有与其类似的单词。在这种情况下,如果这些单词很难读,孩子们很可能会故意躲避读出单词。比如在下面的例子中,爸爸教2岁半的女儿玛格丽特(讲德语和法语)读德语单词

Knopf（纽扣，法语中与其相对应的单词"bouton"）：

> 爸爸：Knopf（首字母 K 发音，读/k/）；
>
> 玛格丽特：Nopf（省略了首字母发音）；
>
> 爸爸：Knopf；
>
> 玛格丽特：Nopf；
>
> 爸爸：Knopf；
>
> 玛格丽特：Bouton（最后她放弃德语，选择法语中的对应单词）。

此外，处于这个阶段的孩子在用一种语言造句时，会不自觉地插入另一种语言的某些词。比如，2 岁半的皮埃尔（讲德语和法语）对妈妈说："Maman, Marguerite et Philip ils sont dans le *Baum*"（妈妈，玛格丽特和菲利普在树上呢。）句子中的大部分单词为法语单词，只有句尾的单词为德语单词，表示"树木"。

从下面的例子中我们可以清楚地看到，孩子们在这个阶段已经掌握了两种不同的词汇体系，而且开始在两种语言之间进行翻译：

> 艾玛：（2 岁 1 个月，讲英语和法语）Bye-bye doy.（再见娃娃，英语）；
>
> 妈妈：Qu'est-ce que dit maman?（妈妈该说什么呀？法语）；
>
> 艾玛：Auwar.（正确为 au revoir 表示再见，法语）。

在这个阶段中，除非两种语言的语法之间存在明显不同，否则孩子们在使用时只会遵循其中一种语法规则。比如,英语和法语中"所属"的表达方式不同。在英语中,事物所有人一般位于事物前,两者间用(')连接;而法语中则将事物置于所有人之前,两者间用(de)连接。在下面的例子中,2岁2个月的艾玛(讲法语和英语)与幼儿园老师谈论妈妈的车:

> 老师:Qu'est-ce que tu vois là, Emma?(你看见什么了?)
> 艾玛:Maman ature.(妈妈车,艾玛采用英语语序);
> 老师:Qui, c'est la voiture de maman.(对,是妈妈的车。这里老师采用法语语序)。
> 艾玛:Maman voiture.(妈妈车)。

第三阶段

在这个阶段,孩子们能够根据词汇和语法方面的不同来区分两种语言,而且有些孩子可以将某种语言与某些人群绑定在一起。李奥波德的女儿海德盖德曾经问妈妈(讲英语):"妈妈,是不是所有的爸爸都讲德语?"从这个例子里我们可以发现两种相关的现象:第一,孩子开始从社会角度辨别周围的世界:谁与谁说话时使用了什么语言。另一个例子也体现这一点,爸爸到法语幼儿园接5岁的凯特加(讲瑞典语、英语、法语)回家,路上他问爸爸:"爸爸,是不是我所有的朋友到家后就都说英语?";第二,也许孩子们不再费心琢磨该如何正确选择两种语言中正确的词汇和句子结构。而且,随着孩子掌握两种语言的信心不断增强,他们也不再试图根据语言来区分不同的人。

有些孩子还会过分概括一些语法规则,以便区分两种语言。6岁的菲利普(讲法语、英语)注意到法语中形容词大多位于名词后,所以在讲英语时,他将所有的形容词放置在名词前,而在讲法语时则将形容词放置于名词后:

> 爷爷:是呀,这是座漂亮房子。(Qui, c'est une belle maison.)
> 菲利普:不对,应该说"这座房子很漂亮"。(Non, c'est une maison belle en français.) ①

终上所述,孩子的双语能力培养具有以下特点:

第一,几乎没人知道孩子如何区分两种语言。我们所掌握的只是孩子们最终区分了两种语言,而且混合句子的数量也快速地减少。

第二,孩子们处于不同语言发展阶段的时间也会因人而异。也就是说我们无法根据孩子的年龄准确规划出他/她属于哪个阶段。这些阶段也只是语言连续发展过程中的不同参照点。在孩子语言发展的关键因素中,有几个因素对区分两种语言至关重要:

—— 区分内容和说话对象;

—— 使用每种语言交流时的质量和数量;

—— 家长对于语言混合现象的态度;

第三,如果孩子接触两种语言的程度比较平衡,并且对两种语

---

① "la"和"da"在意大利语中都为前置词,"la"用语阴性名词前,而"da"表示来源,后接地点。

言的用途区分清楚,就可以有效地将语言之间的干预与混淆现象控制在最低的程度。

第四,"主要用语"并不是静止的。当一个双语家庭从一个国家迁移到另一个国家,孩子所接触的语言输入模式也完全改变了。比如,一个讲西班牙语和德语的孩子在西班牙长大,除了与爸爸讲话外,身边的人都在讲西班牙语;突然有一天,他们搬到了德国。从这之后,除了跟妈妈讲话使用西班牙语外,孩子的周围都是德语环境。在这种情况下,我们不难预料孩子会将其主要交流用语从西班牙语转换成德语。而在一些极端的例子中,在一段时间里孩子甚至还会遗忘一种语言。

对于这种现象,家长不必大惊小怪。比如,3岁的玛格丽特和爸爸(德语)、妈妈(法语)、保姆(德语)一起生活在德国。随后她去了法国,由讲法语的保姆照看。一个星期之后,当她在玩娃娃的时候,已经将交流用语从德语转成法语。几个月之后,全家人回德国度假,玛格丽特似乎忘记了德语。虽然爸爸一直坚持同她用德语交流,但由于爸爸并不经常在家,因此这种交流的次数也很少。

在这种情况下,父母决定放假时将玛格丽特送回德国,同以前的保姆住在一起。他们还为她找了一位德国小伙伴。6个月后,玛格丽特使用两种语言能力得到了均衡的发展。

两种语言结构上的差异也会造成孩子选择其中一种语言作为"主要交流用语"。需要表达一种观点时,如果一种语言的语法结构相比另一种语言简单,孩子自然会选择先掌握简单的语法规则,这也会造成两种语言之间出现暂时的发展不均衡。麦克斯(Mikes,1967)报道过两个孩子(讲匈牙利语和塞尔维亚-克罗地亚语)学习如何表达方位关系。他发现孩子掌握匈牙利语的方位表达法要早于塞尔维亚-克罗地亚语。这是因为前者通过改变名词结尾来表示方位,而后者不仅要改变名词结尾还要使用特定的方位介词。因此,我们可以断定至少在一段时间内两个孩子会以匈牙利语为主要交流用语,因为他们觉得使用起来比较容易。

内在原因(玛格丽特的例子)或外在原因(方位表达例子)使双语孩子将其中一种语言作为"主要交流用语",这是因为影响力较强的语言会限制较弱的语言的使用,同时推迟孩子区分两种语言的进度。而这种现象也会出现在发音和语法方面:4岁半的范特尼经常用英语说:"看我穿我"(应该是"看我自己穿",他受到了西班牙代词使用模式的影响)。

家长不必过于担心以上的这些现象。这些只是孩子试图使用影响力较弱语言进行表达的结果。而且只要孩子坚持与这种语言的持有者进行交流,这些现象就会逐渐消失。但是,需要强调的是,如果其中某一种语言的接触频率低于另一种语言,孩子对这种语言的掌握就会比较弱,更正语言错误的时间也就会比较长。

4.4 知道自己是双语者

什么时候孩子才会意识到自己能够使用两种语言呢?我们何时才能充满信心地认定孩子为双语儿童呢?其实,语言学家并不认同这两个观点。大量的实验观察表明,3岁左右的孩子能够恰当、和谐的使用两种或3种语言。对于他们来说,选择语言不再是难题。另一个迹象就是孩子开始担任翻译的工作:

> 爸爸:好了,凯特,我们去吃饭吧。你洗过手了吗?
> (Right, Kat, we're going to eat. Have you washed your hands? 英语)
>
> 凯特:(对她的法国朋友说)我们去吃饭,你洗手了吗?
> (Hé! On va manger. Ll faut se laver les mains. 法语)

(关于翻译,更多评述请见第三部分)

孩子同样需要一段时间才能意识到自己能够使用两种语言。乍一看似乎他们都意识到自己能使用两种语言,但事实上这种状态并不明显。例如孩子经常会问他们在说哪种语言:"我在讲什么语言?"芬尼问。凯特佳也问爸爸,"爸爸,我在跟你讲英语吗?"另一方面,孩子头脑中语言概念与成人的不一样。从严格的社会语言学角度看,孩子不愿将她所掌握的语言严格区分开来,这与成人掌握多种语言的情况不同。这也是孩子无法掌握某些抽象名词含义的原因,比如"英语"、"法语"、"西班牙语"、"德语"等等。不仅仅是因为这些词比较抽象,而且凭孩子们的经历,他们无法理解这些词的含义。双语儿童长到7岁左右才开始说一些啰唆的句子,例如"我同妈妈(或爸爸、朋友、同学)说话的方式是……"。注意,这种啰唆的句式恰恰真实地反映出孩子们的内心想法。

许多孩子似乎还要经历对自己语言进行"检验"的过程:

> 凯特佳:我这样同你说话,我跟妈妈说,嗯,(英语)瑞典语(på svenska 瑞典语);
> 爸爸:瑞典语(英语)。
> 凯特佳:跟妈妈说瑞典语,在学校我说德语。(allemand 德语)(她所在的法语幼儿园刚刚开设了德语实验班。)

对于局外者来说,孩子的这种表现似乎有些炫耀成分,或许有些时候的确如此。但是,这种行为对于年纪小的双语儿童来说非常普遍,因为他们并没意识到"对于其他人来说双语者是特殊人群"。如果必须解释这一现象,那么最有可能的解释是,孩子能够确定自己:我就是这个样子,这就是我,与众不同。

孩子从对双语没有任何意识以及将自己看做双语者的状态都十分明显。但我们很难把控这种转变过程。凯特佳从 3 岁 1 个月起开始上幼儿园。她发现讲法语的小朋友都不和她一起唱英文儿歌。她在 5 岁半时,通过观察已经划分出不同的语言。3—5 岁是培养孩子社会性的关键期。但一些实例也表示,在这期间伴随双语孩子成长的还有一些语言外的因素,而这些因素往往会给孩子带来喜悦,令他们着迷。比如,凯特佳最喜欢做的一项家务就是帮爸爸找到电台中的 BBC4 节目。

综上所述,我们可以肯定双语孩子与单语孩子的语言能力发展过程是一样的。但在这过程中,双语孩子会不由自主地做出一些与众不同的行为,这是因为他们所接触的世界与单语孩子的不同。这些差异偶尔会让家长欣喜不已,但对外人来说却十分困惑。比如,3 岁 1 个月的菲利普在妈妈的帮助下刚刚从英语转换为法语。有一天他跟妈妈去法国的一个乡村小店买饼干：

> 店主：你想买什么样的饼干呢，孩子？（Quelle sorte de biscuits tu veux, gamin? 法语）
>
> 菲利普：法国饼干（Des biscuits francais. 法语）

4.5　语言代码转换及翻译

　　正如我们所观察到的，双语儿童语言能力发展与单语儿童很相似，唯一的不同之处在于双语儿童需要区分两种语言。这与两种技能紧密相连，单从定义上看就能肯定单语者无法完成的。这两种技能是：语码转换和翻译。比如，6岁的菲利普在电话里对爸爸说："我今天去游泳，而且还尝试潜水了。"（*J'ai été à la piscine aujourd'hui* and I dived for the first time. 句子前半句斜体部分为法语，后半句为英语。）

　　对于局外者，特别是单语者来说，他们无法理解在语句中转换语言代码的行为，而且他们也不了解语码转换行为不仅遵循了一套清晰、详尽的规律，而且为双语者提供了一种深入表达的交流方式。语码转换现象仅限于双语者之间的交流，在这个过程中他们可以使用所有的交流资源，达到出乎意料的效果。

　　孩子们很快就可以娴熟地运用语码转换来表达自己的感受、情感或参与对话的程度，或者在家中交替使用两种语言进行表达，丝毫没有问题。

　　在讨论其他语码转换现象之前，我们先来回顾两种现象。这两种现象我们都曾遇到过,不能将它们混淆为语码转换。第一种为"借用",也就是一种语言的某个单词或表达式被用于另一种语言,而且与第二种语言的语法和读音保持一致。例如:

1) Je vais faire *checker* ma voiture. 我要检查我的车。英语中的不定式"to check"(检查)以法语不定式"-er"形式出现。

2) On est parti en *hovercraft*. 我们乘气垫船去。英语中的"hovercraft"(气垫船)在句中采用法语发音方式"ovaircraft"。

第二种是"语言选择"。说话者根据不同的对象改变交流用语。比如:

1) 6岁的菲利普居住在法国,他要给英国的奶奶打电话:

> 菲利普:妈妈,我应该拨哪个电话号码?(法语)
> 妈妈:号码在你前面的卡片上。(法语)
> 菲利普拨号码
> 菲利普:您好,奶奶,您好吗?(英语)

2) 14岁10个月的芬妮要去上学:

> 妈妈:你带钥匙了吗?(瑞典语)
> 芬妮:是的,我带好了,再见。(瑞典语)
> 妈妈:再见。(瑞典语)
> 芬妮:(对爸爸说)再见。(英语)
> 爸爸:再见,芬妮。(英语)

接下来,我们要了解什么是真正的语码转换。语码转换现象通常发生在说话者在表达时无法找到合适的词语,要么说话者忘记了某种特定单词,要么他所使用的语言无法表达某种特定观点。比如:

1)菲利普(6岁半)正在向妈妈解释如何使用新买的胶棒:"你把盖子拧开……像这样……然后你挤出来。"(Tu dévises le bouchon... comme ça... et tu squirt. 句子中绝大部分为法语,最后单词"挤 squirt"为英语。)

2)芬妮:"我们有了一位新数学老师,但他不是正式的老师……我们正式的数学老师去培训了。"(We've got a new maths teacher, but he isn't *titulaire*... our real maths teacher's on a *stage*. 句子主要部分为英语,其中 titulaire 和 stage 为瑞典语,分别表示"临时的"、"外出培训"。)

另一种比较常见的语码转换现象被称作"一触即发"。也就是说,两种语言中存在某些比较相似的单词,比如人名、地名或商品名称。这就使得说话者在说话时不自主地转换到另外一种语言。比如,菲利普(4岁1个月)对妈妈说:"请再给我一些玉米麦片。"(Donne moi encore des *cornflakes*, please.)句子中的"cornflakes"(玉米麦片)尽管发音偏向法语,但说话者由法语转到英语。然而,这种一触即发式的语言转换并不是一种刻意的表达方法,而是说话者一种机械地无意识行为,更多表现为口误,而且很快就会恢复为最初所使用的语言。比如,艾米莉(14岁)说:"我看见梅劳伦特和库克(小狗名)一起出去了。"(I saw Mme Laurent *qui* was out with Cocky. 句子中只有'qui'为法语词,指梅劳伦特。)

当双语者直接引用别人的话时,不仅会模仿被引用者说话的语气和音调,而且还会直接引用被引用者所说的话。比如,凯特佳

(5岁半)在没有母亲帮助下,自己与商店售货员进行交流,这让她感到很高兴:"多米尼克问'夫人,您要买什么?'妈妈说'我要买生菜和……',然后我就说'和马乐巴糖',然后他们就都笑了。"(Dominique said *Madame*? And Mummy said *Une laitue et...* and I said *et un Malabar*! 句子以英语来陈述,斜体部分为法语,是说话者直接引用他人语言部分。)

当双语者间接引用别人语言时,他们往往根据谈话对象,采用自己习惯的语言。

双语孩子还十分擅长使用语言转换来强调"亲密"关系,表示"团结"。语言学家李奥波德以女儿海德盖德为例,有一次5岁4个月的海德盖德因生水痘躺在床上,她希望爸爸能留在身边陪他:"爸爸,如果你把灯关了,我该多孤单呀。"(*Papa, wenn du das Licht ausmachst,* then I will be so lonely.)句子前半部为德语,女儿为了赢得爸爸的同情,后半句采用了爸爸的母语——英语。

有时,语码转换还用于在谈话中将某些人排除在外,但这绝不表示不友好的态度,比如下面的两个例子:

1)艾米莉(17岁5个月)邀请她的德国朋友安娜和家人一起吃饭,他们使用法语交流:

> 妈妈(对安娜说):你再来一些(菜)吗?(法语)
> 艾米莉(对妈妈说):我觉得她不想再吃了。(瑞典语)

艾米莉使用瑞典语的目的是为了帮朋友解围。

2)菲利普(7岁)用法语对妈妈说:"妈妈,我要尿尿。"当时妈妈身边有客人(讲英语),而菲利普很着急。

最后,语码转换还可以表示强调。比如,菲利普(5岁3个月)居住在英国,有一天在花园里玩儿。

> 妈妈:菲利普,快进来,饭好了。(法语)
> 菲利普:……
> 妈妈:菲利普,快过来。(法语)
> 菲利普:……
> 妈妈:菲利普,过来。(英语)
> 菲利普:好吧,我来了。(法语)

通过使用另外一种语言,家长们就像外界权威机构(比如学校)一样,对孩子产生一种威慑力,这个例子也表示语码转换是家长与孩子进行沟通时可以采用的另一种资源。

近来有一些研究表明,语言学中的种种规定限制了两种语言之间的语码转换。研究者列举了许多复杂的规则,要求双语者在两种语言之间进行语法体系转换时必须遵守:将两种语言体系接连在一起,并不仅仅意味停止使用一种语言而采用另外一种。相反,将两种语言结合在一起,要求说话者不仅要十分熟练地掌握语法规则,而且要清晰地了解整个句子的组织结构。然而,如何最恰当地描述语言转换的具体细节,人们仍争论不休。不过有一点不容置疑,那就是:越是双语者,就越擅长转换语言代码。人们最粗浅的想法会认为,转换语言的能力取决于说话者对两种语言掌握的熟练程度。人们普遍认为:双语者会从不太熟练的语言向已经熟练掌握的语言转变。但事实并非如此。当人们将其中一种语言当作"主要交流用语"时,他们转换语言的能力仅限于一两个单词,比如:"我看杂志"(Leo un *magazine*. 法语句中斜体字为英语,表示杂志)。另一方面,如果说话者熟练地掌握了两种语言,他就可以在句中进行复杂的转换,比如:"我忘了那些重点词怎么说。"(Las palabras *heavy-duty*, bien grandes se me han olvidado. 句中斜体词为英语。)以上两个例子都选自鲍勃莱科(Poplack)在1980年发表的文章,文章中他对语码转换做出了以下评价:"有时候我用英语开头造句,用西班牙语结尾。"(Sometimes, I'll start a sentence in English *y termino en Espeñol.* 句子前半部为英语,后半部斜体为西班牙语)。

当然,家长们对语码转换的态度大相径庭。有些家长会尽量避免自己说话时出现语码转换的行为,因此他们也要求孩子尽量避免。但有些家长则经常在两种语言之间进行转换,并且将其作为家庭内部交流的方式。正如案例4中所阐述的,只要家长之间保持一致,语码转换不会影响孩子的双语能力培养。我们也惊奇地发现,有些人认为语码转换将造成语言混乱。但如果他们从语法的角度来看语码转换,就会更加容易理解句子了。

4.6 无聊的译者?

我们不打算在这里探讨口译或笔译,因为我们会在第三部分对这两种翻译进行简单介绍。在这里我们想讨论一下孩子们"自然的"翻译行为,对于一些双语儿童来说,从能够独立运用两种语言就开始了翻译行为。海瑞丝和谢伍德(Harris and Sherwood, 1978)曾说过:"翻译是一种本能行为。"他们指出许多移民的孩子必须协助父母与当地人用本地语进行交流,而孩子却并不了解这种行为的重要性。下面的例子中,一位意大利移民在加拿大与邻

居发生冲突,小女孩在帮忙翻译时试图平息争吵:

> 爸爸(用意大利语对小女孩说):告诉他,他是个傻子。
>
> 小女孩(用英语对第三方说):我爸爸不接受你提出的要求。
>
> 爸爸(意大利语对小女孩说):你为什么不照我说的告诉他?

同样,一位法国南特尔地区的老师告诉作者,她必须学习一些阿拉伯语,以便与学生家长直接沟通。因为每次做家访,学生都会为她和家长做翻译,但她发现当她向学生家长汇报孩子经常迟到、调皮捣乱或者看电视过度时,家长的反应总是很冷漠。

我们不要认为翻译现象仅发生在移民后代的身上。比如,研究者曾报道,4岁的美国小姑娘琳达与家人居住在芬兰。有一天她站在小屋门前,为聪明绝顶的教授爸爸和当地的邮差当翻译。一些孩子的父母来自不同的国家,生活在这样家庭的孩子往往会感觉自己有义务为家人或客人做翻译(具体案例请见案例3)。

尽管所有的双语儿童都能够恰当地翻译谈话内容,其翻译效果也是参差不齐的。也许我们应当注意,翻译不仅仅需要熟练掌握两种语言,还要了解特定的背景内容(比如疾病名称、食物、车的零部件等等)。而且翻译的效果也取决于当时的环境、人们的关注、评判以及所提供的指导。除语言知识外,翻译的质量将取决于孩子的年龄、先前的经历、性格、场合的特点以及与听众之间的关系。

在友好的氛围中,孩子们喜欢从事翻译工作:每个孩子都喜被需要和被认可的感觉。进行翻译的时候,孩子们大多会采用词对词的翻译方法(实际上,家长可以观察孩子所说的话,进行引导)。但有时我们也会发现,孩子们毫不费力地将语言的随意性和准确性完美地融合到所翻译的内容之中:

> 爸爸(用英语对讲英语的法国朋友说):我们可以走着去玛克拉克村吧,今天那里有个集市(7月14日),我们买些水果和奶酪作午餐……或者我们开车去吧,因为今天也挺热的。
> 凯特佳(4岁11个月,用法语对法国朋友的女儿说):我们去下面那个村子,因为今天是7月14日,那里有个市场。我们可以为中午买些水果和奶酪。是坐车去还是走着去要看你爸爸怎么决定,因为今天挺热的。

孩子们在第一时间对家长的话进行翻译,这充分证明了他们十分喜欢翻译。他们最喜欢用的翻译技巧就是逐词翻译,但也会造成许多笑话:

一些法语表示法:

—— C'est du tout cuit 表示"这是全熟的",而相对应的英语表达为"It's in the bag"(字面翻译为"它在包里")。

—— Ça ne casse pas de briques 表示"没有进展",而相对应的英语为"Nothing to write home about. 没有什么值得庆祝的"(字面翻译为"没有什么要给家里写信的")。

一些英语表达法:

—— "Pull the other leg" 表示不相信某人讲的话。而相对应的法语为"Vous me faites marcher"(字面含义为"你让我走")。

——"You are driving me up the wall"表示"你把我逼疯了"。而相对应的法语为"Tu me rends dingue"(字面含义"你把我逼上墙了")。

电影中不贴切的字幕经常遭到人们的批评,这也是不恰当的翻译(详见第三部分——电视)。伊迪斯·海丁-伊斯(Edith Harding-Esch 另一位作者)的儿子最喜欢跟妈妈玩的游戏,是让妈妈用法语读英文书,然后对妈妈不恰当的翻译品头论足。这时,这位双语家长就会报复性地说:"既然这样,你也来试试吧。"

继时性双语能力

无论孩子多大,只要他们掌握了除母语以外的一种或几种语言,他们就会成为双语者或多语者。实际上,我们所研究的大部分家庭,多数为移民家庭,而且孩子继续发展双语能力的现象在这些家庭中非常普遍。由于父母工作需要,全家人要搬到新的国家居住,孩子自然而然地学习并掌握了当地的语言。持续发展双语能力的另一个原因,是家长在家里不使用当地语言进行交流。孩子们最初跟着父母学习语言,但随着他们慢慢长大,特别是开始出去和周围的小朋友一起玩儿或上学,他们便开始学习当地语言,与当地人进行交流。

人们通常都会认为,个人学习语言的能力会随着年龄的增长不断下降。这种观点在很大程度上源自对孩子说话现象的盲目观察——事实上,孩子们花费了大量的时间和精力学习如何说话。成人学习语言时,除对语言的掌握情况外,其他方面跟孩子很相似。尽管他们在语言习得率方面略胜一筹,但最终的效果却不尽如人意。

这种观点还基于一个不容置疑的事实:青年人能够掌握地道的新语言,而年纪大的人往往克服不了自己原有口音的影响。根据这一观察结果,语言学家提出了掌握语言的"关键时期假设"。假设认为,人们掌握语言的最佳时期是从出生到青年。过了这段时间,大脑就会慢慢丧失其可塑性,我们学习语言的能力也会自然而然地随之减弱。

这种假设一经提出就引起了广泛质疑。比如,人们认为在"关键时期"结束时,大脑会产生偏侧性问题,但实际上这个问题早已出现。而且研究表明,成人在辨别细微语音区别方面要比孩子快,他们还能更加准确地发出不同的读音。如果不是神经发育和大脑组织结构方面原因,青少年和成人保持自己口音的主要目的就是为了展示自己的与众不同(有意识或无意识),显示自己的个人和社会特征(这种现象也体现单语者身上,他们离家多年但仍保持家乡口音)。某些家长或许会觉得上面的观点简直是胡扯,因为他们的孩子在几个月内就能够流利地掌握当地的语言,而他们则要花费几年的时间。但是,如果我们从质量和数量方面将成人和孩子学习语言的机会进行比较,我们就会发现孩子们通常占有很大的优势:孩子们学习某种语言是因为它是社会的主流交流工具,在这个年龄就应当学习语言。而且孩子年龄小,在学习过程中不易被打扰。语言家辛格尔顿(Singleton,1989)曾经将所有的研究项目进行统计,发现年龄本身并不是成功学习语言的关键因素,而更多取决于动力和机会。但是,一些研究者(比如 Scovel,1988)也指出成人往往对10岁以后所掌握的语音缺乏自我监控能力。这一观点也支持了关键时期假设理论。

　　此外,语言学习者对新语言所持有的态度同样至关重要。如果一个孩子对新的语言环境有好感,他就会积极地与他人交朋友。反过来这也要求他要提高学习能力,增强学习动力。相反,如果一个孩子感觉自己在新环境中受到排挤或冷落,他不会积极地与周围人建立联系,其学习动力也会相应减弱。与此同时,他自己也会减少使用新语言进行交流的机会。在预测一个人能否成功地成为双语者时,以上这些因素与智商和语言能力相比更为重要。

4.7　学习第二语言的过程与学习母语一样吗?

　　有人会认为这个问题有些小题大做。当然会不一样了。当我们学习母语时,我们通过母语理解、掌握不同的观念、观点和概念,从而进行思考。而学习第二语言时,无论这些观点和想法是好还是坏,他们都已经存在。语言学习者只需要去了解和掌握。人不可能学习两次母语。

　　目前为止,这一观点得到普遍认同,只是在母语的重要程度方面,人们争论不休。有些语言学家和心理学家认为母语非常重要,因为我们都要依赖已经掌握的东西来学习新的事物。因此,他们认为母语的影响力贯彻第二语言学习的所有过程,但这种影响力会逐渐减弱。从母语中演变的所有元素都会被第二语言中的元素所取代。

　　最近,语言学家倡导"任何语言习得都要遵循统一的过程,这个过程也反映出不同语言习得的相似战略"(McLaughlin,1978)。换句话说,即便在学习第二语言时,人们也会受到母语的影响,而且人们所使用的语言学习技巧以及学习过程都是相似的。

确定语言的"迁移"和"发展"程度,主要基于对学习者所犯错误进行分析。早期的研究结果强调,这些语言的错误都源自母语的影响,但随后的众多研究成果表明,人们不仅无法根据母语预测出学习者所要犯的错误,更值得注意的是使用不同母语的语言学习者会犯相同种类的错误,而且孩子在学习母语时也曾犯过类似的错误。

目前,研究者采用了一种更为平衡的方式,用以表示在语言习得过程中"迁移"与"策略"之间的联系。尽管研究者们在理论上仍争论不休(Paradis and Genesee,1996),权威研究者(如费乐莫和科勒-科恩)已经抛弃了全部语言方法,转而关注孩子语言学习行为,也就是孩子在自然的环境中如何学习语言,掌握语言的社会性、认知性及策略性。他们主张在最初的"相互作用"阶段,孩子与第二语言使用者建立社会关系:在这个阶段,孩子们强烈地依赖固定的语言模式及非词汇交流。第二阶段,孩子们开始关注交流并开始对语言模式进行分析,在此基础上引用新的语言元素进行造句。第三阶段,孩子们开始系统地检查所使用的语言模式是否正确。

对于那些曾经使用外语进行交流的读者来说,一定会熟悉费乐莫(Fillmore)所描述的认知策略:

—— 先设想人们所谈论内容与当前情况、与他们或与你自己的经历有联系;

—— 获取一些你能理解的内容并开始交谈;

—— 寻找你所掌握的语言模式;

—— 尽你所知道的谈;

—— 努力做到:为后续谈话记住一些细节;

还有三种为人们所熟悉的社会策略：

—— 加入一个群体，表现出你了解他们在谈什么，即使你并不了解；

—— 用恰当的词汇表达你的观点；

—— 从朋友那里寻求帮助；

科勒-科恩（Keller-Cohen，1979）主张：

> 之前使用语言的经历会启发孩子研究、组织语言数据以及语言知识。

其中包括以下方法：

—— 关注语言元素的顺序；

—— 寻求后续结果；

—— 不要干涉或重新安排结果；

—— 简单重述信息；

如果这些策略还不能解释语言习得的过程，对家长而言就毫无意义。这些策略强调了小伙伴对孩子学习语言的重要性，帮助他们先建立起社会关系。这些策略也可以帮助我们理解为什么成年人学习外语不能像孩子们那样又快又好：在很多情况下，家长根本无法"不懂装懂"或"为后续的谈话记住细节"。如果对于孩子们来说学习某种语言很难，那么对于家长们来说就会难上加难了。

双语能力与智力

> 几乎没有任何研究报告显示双语能力对人们智力的影响,我们无法判断双语能力对人的智力、语言能力、学习成绩、情绪调节能力以及认知能力方面起到正面的还是负面的影响。在所有的案例中,不是两种研究结果互相冲突,就是研究方法本身有问题。所有研究结果支持的唯一观点是:如果用第二语言来测试孩子,双语孩子对这种语言的掌握程度与单语孩子不同。这个发现也没什么大惊小怪的。
>
> (McLaughlin, 1978)

引用上面这段话主要出于两个目的:首先,试图将双语现象从科学的角度与其他智商能力相结合的想法,往往是徒劳无功的,因为我们根本无法准确地定义这些技能,更别说将它们进行量化并与其他技能进行比较。特别是在很长时间内,"双语研究"一直在遵循"智商研究"的轨迹,所以根据研究测试的性质,双语能力就被评价为"有意"或"有害"。但这些测试并不是特别针对双语研究而设计的。

再有,上面那段引语中对双语现象的评价,留给家长更广阔的空间,来帮助孩子享受双语所带来的无穷的、潜在的社会利益。如果从智力的角度看,我们无法判定双语现象是否带来正面或负面的影响。家长可以通过日常的生活经历,切身体会到两种或多种语言所带来的实践活动和社会价值。

在这个部分,我们将简要讨论一些研究双语现象与智商或智力发展之间联系的研究。双语现象对智商有怎样的影响?如果我们让孩子学习两种语言,会不会影响他的智力发展?半个多世纪以来,心理学家进行大量研究试图回答这些问题。但是,就连这个问题本身都更加倾向智商本身,而不是双语现象。因此,所采用的测试种类也造成了研究结果的相互矛盾。

早期的研究结果表明,双语孩子的智商指数低于单语孩子。比如萨尔(Saer,1923)对讲威尔士语和英语的儿童进行测试,发现不仅乡村的双语儿童智商比较低,而且在7—11岁之间,双语与单语儿童之间的这种智商差异会逐年增长。其他一些研究也都支持这一观点。因此,大家普遍认为"双语不好",由此导致欧洲和美国地区主张使用单语进行交流(从社会学观点看,这些地区被称作"熔炉",不存在种族差异)。

然而,智力测验的研究方法开始慢慢地显现出其本身的缺陷。特别是在分析研究结果时,没有考虑单语儿童的社会经济背景。如果考虑了这一因素,双语孩子与单语孩子之间的差异大幅度减少甚至消失。此外,人们逐渐意识到,研究中忽略了双语的不同程度以及测试本身"文字化"性质等缺点——研究测试所采用的语言必然是单语孩子的母语。显然,将双语孩子的成绩与单语孩子进行比较本身就毫无意义:因为在测试时,双语孩子所遇到的语言障碍,单语孩子在使用第二语言时同样会遇到。

这些早期的研究还显示,如果采用非语言类研究方法(不用语言回答的问题,比如形状、数字等),双语孩子的成绩与单语孩子一样好。比如,阿森纳(Arsenian,1937)在纽约城采用两种无声讲解的方法对2000名学生进行研究(参与研究的人数之多,令人佩服)。他所得到的结论是,双语现象与智商没有明显的因果联系。由此,人们意识到语言的流利程度和出身背景会影响智商测试的结果,因此在 20 世纪 50 年代,用来测试双语者的斯坦福—比奈测验和斯坦福成就测验(Stanford-Binet Test and Stanford Achievement Test)就不再继续使用了。

1953 年,达西(Darcy)对双语研究进行全面回顾。在他整理分析的 40 项研究中,仅有两项研究显示,两种语言的流利程度与智商有直接联系(但仍存在之前提到的研究方法问题)。

双方争论不休,直到 1962 年皮尔与兰伯特(Peal and Lambert)发表了第一篇主要研究报告,显示双语者在语言和非语言智商方面优于单语者。他们的研究对象来自蒙特利尔地区 6 所不同学校的 10 岁孩子,在法语单语与法语/英语双语儿童之间进行比较。除智商测试外,双语儿童在学校里成绩较好,与单语同学(法语)相比他们更倾向讲英语的加拿大人。皮尔和兰伯特认为双语儿童优秀的主要因素,在于与其双语能力相连的认知能力,尤其是大脑的灵活性和概念形成心理。

然而,在阐述智商与双语之间的因果关系时,两位语言学家都十分谨慎。正如埃伦·百乐斯多克(Ellen Bialystock)所质疑的,我们无法找到一种完美的方式来解释"智商"和"双语"之间的关系。"双语现象会带给智商怎样的影响?"或者"智商会给双语能力带来什么影响?"这两个问题本身就是错的。显而易见,有些双语者很聪明而有些双语者并不聪明。聪明者的智商就会在双语能力中体现出来。但皮尔和兰伯特并没有证明两者之间的因果关系,甚至到目前也没有人能够证明。

大部分报道双语"消极影响"的研究,其研究对象大多是来自少数语言群体的儿童。无论是否喜欢,他们都要学习当地的主要交流用语。这也就导致他们到第二语言学校读书时,还没有熟练掌握自己的母语。相反，大多数报道双语"积极影响"的研究都源自鼓励双语现象的社会。那些研究所涉及的语言被赋予很高的社会地位，而且所测试的孩子父母都具有相对较高的社会经济背景。

基于自己的研究结果，兰伯特和皮尔提出研究重点应当由"双语现象对智商有利或不利的影响"转向"探寻这些影响的基本性质"。从20世纪60年代起，越来越多的语言学家和心理学家响应这一号召。研究者们不再探究双语者智商是否高于单语者，而是试图探寻和描述两者之间差异的具体特点：哪里存在不同？

最近，百乐斯多克给出了问题的答案：大多数的经验主义研究认为，双语儿童的认知能力就是他们注意力的控制能力，也就是他们可以专心地关注某件任务或问题，而不被外界打扰。然而，并没有任何迹象表明双语儿童在概念分析或注意力控制方面略胜一筹，他们的优势体现在不同发展阶段标准之间的互动。神经心理学家对这个结论喜出望外，因为注意力下降要归结于大脑中的前额，这部分对认知能力起到关键作用。这部分功能的退化体现为无法实现目标行为，也就是年龄增长的标志。对于双语儿童家长来说，幼年时双语能力会对孩子智商发展起到深远的影响，并且双语儿童与单语儿童之间的差异，哪怕非常微小，也有益于对认知能力的培养。

如果你正在考虑是否将自己的家庭打造成双语家庭，那么你现在就要做好计划。在下一章中，你会遇到一些问题，请仔细回答这些问题后再做决定。

第五章
影响家长培养双语儿童的因素

> 需要了解的问题

在第二章中,我们曾探讨过世界上不同种类的双语现象,以及双语者所处的不同生活环境。因此,是否应该在孩子刚出生就决定将他培养成双语儿童,还是长大后让他多掌握一门语言(比如到海外居住),不是一个简单的问题,也不可能只有一个答案。本章中会涉及几个决定是否将孩子培养成双语者的关键问题。

5.1 父母的母语背景及其历史

如果父母都是双语者,那么对于培养孩子双语能力他们都会有十分强烈的认识。以我们的经验来看,大部分双语家长都会认为培养孩子的双语能力是"自然"或"理智"的举动。然而,仍有例外情况:如果家长的母语能够唤起他/她对一个国家或一个时代的回忆,而这种回忆正是他/她想努力遗忘的,就会导致放弃这种语言。尽管我们可以理解家长们的这种选择,但对于他们的后代来说却十分遗憾。上个世纪初安德里亚的祖父为了逃避奥地利的征兵,从意大利北部逃往英国。在伦敦,他成了意大利法西斯党的领袖。然而,在他庞大的家族里没有一个孩子能讲意大利语,其中一个原因就是,这个家族极力想忘记那段令人难过的历史(祖父曾经被拘留过,这段经历让他们不仅觉得耻辱而且更觉得气愤)。安德里亚在美国长大,随后他回到了欧洲。为了学习祖父的语言,他在意大利居住了一年。

5.2 父母之间用哪种语言进行交流?

这个问题将决定培养孩子双语能力的过程是否顺利。如果父母之间始终使用外部社会主流语言进行交流,那么其中一位家长不得不花费额外的时间和大量精力来教授孩子自己的母语。相反,如果家长之间使用的语言不是外界社会主流语言,他们也必须承受别人将自己的家庭看做"外来家庭"。对于家长们来说,这对他们的社会交往并没有什么影响:比如,在伯明翰居住的英国人,不会因自己的德国朋友在家中同孩子讲德语而感到惊讶(这位德国朋友的英语讲得很棒)。只是对孩子来说,当他们出去同当地的小朋友一起玩儿,或把朋友带到家里时,这种"社会"差异才会显现(但如果人们采取一些技巧就能克服这个问题)。

还有一种模式,目前变得越来越普遍:家长之间都不选择自己的母语,而是采用第三种语言进行交流。科特是德国科学家,他的妻子索拉佳是巴基斯坦人,他们之间用英语进行交流,他们的孩子爱岗讲丹麦语、安佳讲芬兰语。两位家长都不在英语国家居住(分别住在德国和丹麦)。因此，无论他们决定如何培养孩子的语言能力，这个家庭的语言模式必定是复杂的：如果每位家长都用自己的母语与孩子进行交流，最终孩子将成为三语者(而且孩子们也会认为其他家长也像自己的爸爸妈妈一样，使用不同的语言交流)。

菲利普和玛瑞恩·瑞雷的家中采用了另外一种语言模式：父母分别用自己的母语(英语和瑞典语)同3个孩子进行交流，而家庭成员之间唯一的交流语言是英语。法语是社会主要交流语言，但只在有客人来访时才使用。孩子们之间用英语和瑞典语进行交流。

5.3 家长如何使用各自的母语？

在上面的例子中我们看到，家长们会选择一种语言进行交流。但不排除还有其他的交流模式。首先，每位家长会坚持使用自己的母语。例如，爸爸用德语谈到某件事，妈妈用法语进行回应，爸爸再用德语作答，妈妈仍使用法语回应等等(案例4中将会看到这种模式)。

家长之间交流还有可能会采用一种模式，而且这种模式在现实中也很普遍：先说话的家长将决定交流用语。比如，讲德语的爸爸先发起了谈话，整个交流过程就将使用德语进行；如果引发谈话的是讲法语的妈妈，那么交流的语言将是法语。但是，这种模式同样适用于母语不相同、但熟练掌握对方语言的家长，他们在交流时也十分乐意进行语言转换。这样做本身没有什么错误，但家长必须注意，这种模式将会影响孩子与其他家庭成员进行交流时所使

用的交流方式。(详见案例4)

5.4 谁将照看你的孩子?

　　普遍的观点认为:语言的掌握是个熟能生巧的过程。这个观点同样适用于对两种语言的习得。从逻辑上讲,我们对其中一种语言的掌握程度与接触这种语言的时间长短有直接关系。换句话说,如果一个孩子使用英语的时间为7个小时,而使用法语的时间仅为1个小时,尽管我们无法确切衡量他对两种语言的掌握程度,但我们仍然可以推断他的英语要比法语好几倍。

　　几年前,一位而立之年的父亲找到了本书的作者,倾诉自己痛苦的育儿经历:他同讲法语的妻子达成共识,决定将孩子培养成双语儿童(讲英语和法语)。但他却发现"这根本行不通"。现在孩子将法语当成母语,而英语却非常差。以至于他不得不强迫自己用法语与孩子交流。当他在收音机里听了我们对培养儿童双语能力所提出的建议时,便给我们打电话求助。

　　通过交谈我们了解到,由于家庭角色的分工以及爸爸繁忙的工作(每天工作12个小时),孩子主要是由妈妈和外婆照顾。这样看来,爸爸的抱怨就显得有些无理取闹。尽管他很聪明又很有爱心,但他忽略了重要的一点:孩子的双语能力培养需要爸爸的参与。有些家长身为语言学家,并且发表过最权威的双语现象学术论文。即便如此,抛开他们的专业兴趣和与生俱来的好奇心,在培养孩子语言能力时,他们也需要花费大量的时间与孩子一起游戏、进行交流。双语儿童的培养技巧同样也包括了父亲的角色和作用。建立双语家庭主要依靠家长双方共同探讨孩子的教育问题,其中包括散步、洗澡、睡前故事以及选择学校等等。

许多家长发现,他们只能使用母语与孩子进行交流,尽管在孩子出生前他们曾下定决心不这样做。特别是有些妈妈,我们发现她们最初都会很"理性地"同意放弃母语,但当唱摇篮曲的时候,妈妈们又会不自主的选择使用母语了。

案例5反映了另一种模式:一对居住在巴西的奥地利和法国夫妇。讲德语的妈妈抱怨,在一段时期她根本没办法同刚出生的儿子进行交流:"我觉得在巴西同一个根本听不懂你说话的孩子讲德语,是件很滑稽的事。"对于这种情况我们无法解释清楚,这要求家长们必须对以前制订的培养计划进行调整。

如果两位家长都要外出工作,那么看护孩子的人通常会影响孩子的语言能力发展。如果看护孩子的人使用社会主要交流语言,而且孩子被送到看护人家里或幼儿园进行看护,这将有助于形成"外来家庭"的模式。因为孩子在家中使用一种交流模式,而在外则使用另一种。另一方面,如果家长请人到家里看护孩子,那么就会形成一个人一种语言的模式。这种模式通常会帮助孩子区分语言。然而,这种情况有时也很复杂。比如一对英国夫妇请一位法语看护员来家里带孩子。而这位看护员恰恰刚到英国,打算学习英语。虽然这位看护员可以选择法语或英语与孩子交流,但她更倾向于选择英语。因此,正如杜珀克和图库罕玛-伊斯皮诺萨(Dopke,1992 & Tokuhama-Espinosa,2001)所强调的,家长应该意识到培养孩子的双语能力需要花费大量的心思和精力。

打造双语家庭

5.5 如何看待自己的母语？

家长对自己母语的看法也是多种多样的,这也会影响他们在建立双语家庭方面所投入的精力。我们之前提到的案例中,家长觉得与孩子交流时必须使用母语。事实上,除了孩子他们与其他家庭成语交流时也会使用母语。对于居住在异国他乡的人来说,尽管他们生活地很愉快,也能熟练掌握当地语言,他们仍十分怀念自己的母语。因此,他们不能忍受使用第二语言与亲近的人进行交流,这会使他们觉得自己的身份遭到了质疑(主要涉及双语中"身份认证问题",据我们了解那些被迫放弃母语的人,所经历的情况更糟)。而其他人却不在乎放弃使用母语,只把母语当做交流的"秘密武器"。由此可见,这些人对建立双语家庭的贡献微乎其微。显而易见,各家的情况因人而异,只要对结果满意,家长可以做出任何决定。然而,对于刚成家的年轻人来说,一定要切记:你所做的决定至关重要,因为一旦做了决定就不能轻易更改,而且这个决定将陪伴你一生。

家长对于自己母语的态度比这种语言在社会上的客观地位更重要。对于某些与社会脱节的妇女来说尤为突出(他们有些住在城郊社区,有些住在高层住宅里)。如果生活在偏远的村庄,客观地讲,没人会计较你所说的语言是否高雅。如果你的母语被当地中学规定为必修科目、被这个国家的政治领袖所使用、被用于电视中的科教节目,这都意味着它是上流社会语言。然而这些对于整天围着不满5岁孩子转的妈妈来说根本毫无意义,而1—5岁是孩子语言能力发展的关键期。这段时间里,家长对于某种语言的评价至关重要。也就是说,尽管外界社会十分重视某种语言,但家长也会放弃使用这种语言而选用另外一种,仅仅是因为他们觉得另一种语言更重要。尚德斯(Saunders)在《双语儿童》一书中谈到自己的儿子在澳大利亚成功掌握德语的经历。因为在他的家中,父母都十分喜欢讲德语,因此尽管对于他们来说德语是第二语言,在培养孩子德语能力时他们根本不在意外界的压力。

5.6 与家庭其他成员如何交流?

家长希望孩子能够同家庭的其他成员(比如祖父母、阿姨、叔叔、堂兄弟姐妹)进行交流,这也是培养孩子双语能力的重要原因之一。如果在节日的家庭聚会时,亲戚们之间不能随意交流,场面将会非常尴尬。从我们的经验来看,祖父母们很难与孙儿们沟通,而拥抱和巧克力是远远不够的。有些家长为了"保持家庭统一"而反对双语教育,但最终却发现他们的决定往往适得其反。这一点也同样适用于那些打算培养孩子第二语言能力的家长,他们计划先培养孩子一种语言能力,以避免同时掌握两种语言而相互混淆。尚德斯反应有些家长在孩子2岁以前不让孩子与祖母进行交谈。尽管有些语言学理论可以支持这一做法(而我们并不这么认为),但这样做所导致的后果只能是家庭成员之间关系恶化,这与最初所希望达到的目标相悖。

对于双语儿童来说,与祖父母和堂兄弟姐妹之间紧密联系非常重要。在许多案例中,这种关系使孩子们意识到,除了父母之外还有其他人也说这种语言。想象一下,在圣诞节前夜维多利亚火车站,一个4岁大的男孩满怀欣喜和惊讶,对忙着整理行李的父母说:"爸爸妈妈!刚才那个警察对我说英语!"这种经历使得孩子们意识到双重文化的存在,同时感受到人与人之间丰富的、充满友善的关系。例如,孩子或许会吃惊地发现,爷爷不仅不知道番茄酱是什么,而且他根本不在乎。

如果从纯语言学角度看,孩子与堂兄弟姐妹之间交流主要采用妈妈或爸爸的母语,这同他们与小伙伴们之间交流的情形是一样的。我们会惊讶地发现,有时连父母也无法理解孩子们之间交流的表达方式:"Je vais me faire tricard!"(他/她简直让人无法忍受);"He/she is a minger."(他/她真难看)等等。

很明显,家庭成员之间关系也是多种多样的。就连作者也无法完全理解这些情感和心理因素,而这些因素也将直接影响家长建立双语家庭的决定。很少有哪位家长由于无法与家人相处,决定与他们断绝关系才离开自己国家的。所以,维持家庭成员之间的和睦关系也是建立双语家庭的主要目的之一。

无论是否决定培养孩子的双语能力,家长们都应该注意:只有在孩子面前展示自己对家庭、父母、祖国的态度,才能够真正帮助孩子培养其双语能力。即便某些案例中,家长们试图忘记那些让人伤心的事情,但将来孩子们会想办法了解家长这样做的原因。

5.7　涉及哪些语言?

尽管在大多数同时习得两种语言研究中,语言学家通常采用相关的两种语言进行比较,但在许多研究中所采用的语言并不相关。这些研究大体上都基于语言的结构,最终的研究结果表明两种语言之间没有太多差异。这一结论来自对瑞典语及芬兰语双语者的研究（瑞典语属于印欧语系，而芬兰语不是）。这一结论同样也得到了博林（Burling，人类学家，讲英语，他儿子的母语为加罗语—属阿萨姆地区的藏缅语系）以及斯密斯的支持（Smith，研究汉语和英语双语现象，汉语属声调语言，而英语不是）。两种语言结构上的不同会导致人们在习得过程中采用不同的方法，但并不是决定人们能否实现双语能力的主要因素。

在培养双语能力过程中真正起到决定因素的是两种语言在家庭以及社会中相应的地位。这也就是第二章中所提到的双语现象的"官方"模式，而且这种模式会直接影响家长做出决定。其核心问题就在于"是否值得"？也就是说，我们希望孩子掌握的语言是否在社会上广泛使用、得到大家的认可等等，这同样关系到是否有必要花精力来保持这种语言能力（详见案例6）。

如果我们从大众的角度出发，主张所有语言都是平等的，大家会认为我们不切实际。事实上，与其他语言相比，某些语言之间的关系是不平等的。这种不平等源于公众对某种语言的使用情况、影响力以及对语言使用者的不同态度所决定的（从仰慕到鄙视）。

家长很容易受到这些评价的影响。因此，为了"主流"语言而放弃"非主流"语言（特别是爸爸的母语为"主流语言"而妈妈的为"非主流语言"）的行为，似乎很符合常理并顺应历史的必然发展。但家长一定要记住，双语能力所带来的社会性利益（比如与爷爷交谈或同妈妈分享不同文化的笑话）与其世界范围内使用的状况没有关系。

如果家长决定保留某种语言，而这种语言的社会认可度并不高，那么他们就要做好准备要常年来面对诸多不理解或偏见，而且需要付出额外的努力和毅力。

一般来说,语言使用者不会觉得自己所使用的语言具有某种特殊权威。而那些具有权威性的语言被当作世界语,或者具有特殊的经济、宗教或文化价值:比如英语、法语和西班牙语都是这类语言,而且阿拉伯语、汉语和希伯来语也应该属于这个范围。

具有一般影响力的语言其重要性也略逊一筹,但在维系个人身份及家庭中的良好形象方面仍起到重要的作用。北美地区的芬兰语就是这样的语言。

对于那些影响力较低的语言,尽管某些机构还十分积极地进行推广,但不可避免地被看做为老式落伍的、无法传授并与现代社会毫不相关的语言。许多被称作"区域"语言就属于这一范畴:比如苏格兰地区的盖尔语、西班牙地区的安达曼语以及法国地区的奥克语。

家长要意识到,他们试图培养孩子双语能力的行为经常会受到外界的评价,而这些评价都会以语言的影响力程度为依据。很少会有人对培养孩子法语/英语或德语/西班牙语能力而产生质疑。但如果我们选择影响力较低的语言,比如英语/盖尔语、德语/芬兰语或者法语/奥克语,人们必然会问:"有必要学习这些语言吗?"如果不考虑某种语言在世界范围使用率,而仅从个体家庭的社会生活以及双语孩子的文化继承角度来看,我们认为学习这些语言是值得的。

语言之间的地位差异,势必会影响父母决定是否建立双语家庭,而且也会影响培养孩子双语能力的环境以及帮助父母实现目标的不同方法。比如,在英国居住的英语/法语双语孩子会觉得家长和老师都在过分强调学习法语的重要性,而当他发现学校里的其他孩子也要学习法语时,学校中的法语氛围让这些双语孩子产生一种归属感,并觉得会讲法语很自豪。但如果某个孩子的母语并不被学校认可或者与其他语言混淆在一起,他的双语能力培养就会备受打击。比如,有个来自巴基斯坦的孩子发现人们并不能区分巴基斯坦和印度,而且他的同学和老师经常认为他讲"印度语"。孩子的自信心受到了挫折并且开始质疑父母的观点及语言的价值,而且,当孩子开始重视小伙伴的意见,这种趋势会不断增强而变得越来越强烈。

孩子们通常不喜欢"与众不同",而且要求家长在朋友面前不要用家庭语言进行交流。遇到这种情况,家长一定要给予孩子支持与关爱,这样才能帮助孩子顺利渡过暂时性的难关(详见第二部分中拒绝用语言交流)。

5.8 保持语言的方法有哪些?

对于某些语言,我们可以很容易找到对应的学习资料和音像磁带,但其他语言就没那么容易了。例如市场上可以找到许多主要欧洲语言的儿童学习资料,根本不需要到使用该语言的国家去购买。另一方面,如果某种语言很"稀有",即便是最基本的学习资料也很难找到,更别提家长之间互换学习材料或创建小型图书馆。对于那些远离祖国、远离家庭成员的家长们来说,情况也是一样的。

仅从上述两点来看(基本环境及语言学习辅助设施),在家中有些语言比其他语言更难保留。这些困难最终可以被克服,但没有任何捷径:总的来看,保留一种语言更多要依靠家长付出更多的时间与孩子交流。

5.9 你会改变与他人交流的方式吗？

许多读者都有同感：如果自己与别人交流的模式一旦形成就很难改变了。我们在交流时所使用的语言，在某种程度上已经成为与人分享信息、交流经验、维系关系的方式。改变交流语言似乎意味着否定过去，就像回到了与陌生人交流时的磨合期。这种交流关系与方式建立的时间越久、越牢固，就越不容易改变，甚至根本不可能改变。一旦改变交流方式，家长普遍会反映"感觉不对"。尽管这种描述很模糊，但足以反映出人与人之间关系、性格以及角色的稳定性受到影响。从理论上看，改变交流语言是可以的；但事实上，这种改变根本无法实现。

因此，我们可以断定，如果在培养孩子双语能力的过程中，如果家长改变相互交流的语言，这很可能会导致失败（事实上，我们没有发现任何成功的案例）。例如，一对居住在英国的双语夫妇（德语和英语）已经习惯使用英语进行交流，所以当孩子出生时，他们几乎不可能将交流用语改成德语。这并不是意味着这个家庭无法成为双语家庭，只是他们无法实现某种特定的交流模式——全家人都用德语交流。不过，他们完全可以采取另外一种交流模式：讲德语的家长和讲英语的家长分别使用自己的语言与孩子交流，而家长之间仍然使用英语进行交流。

我们认为保留语言交流方式非常重要，因为许多家庭试图通过改变原有交流方式来实现双语，但最后都只能是"我们尝试过双语模式但行不通"。

做决定

5.10 一些"至理名言"

该说的都说过了,现在该轮到你(作为家长)来做决定了。请不要受到外界的影响(无论是家庭其他成员或权威机构)。要记住,你是最了解孩子,还要记住双语不会影响孩子的智力发展,而会帮助他更好的进行社会交往。要从你自己的角度出发,来评价双语能力能否在长期或短期内有助于培养孩子的社交能力:他能不能与祖父母、表亲、朋友以及客人交谈?放假时你是否打算回家?你如何规划孩子的教育?我们列举这些因素,希望可以帮助你认真思考,因为最终培养孩子双语能力所要付出的努力和得到的收获,都完全取决你。

接下来我们归纳了一些简单的意见,尽管这些意见大部分非常浅显,但却非常重要,值得认真思考。希望家长们在本书的其他部分(特别是后面两章)还会找到更加详尽的建议。

首先,也是最显而易见的:孩子的快乐要放在第一位。如果你决定培养孩子的双语能力,但这个过程非常痛苦,我们建议你要重新考虑。在我们所搜集的案例中,还没有发现类似牺牲孩子快乐而培养双语能力的案例(详见第三部分**拒绝说这种语言**)。另一方面,许多的案例中,家长们都是以孩子的快乐为前提,努力鼓励、保持孩子的双语能力。而且孩子的第二语言能力也确保了他的童年生活是完整的、美好的。毕竟,"失去"与其他家庭成员交流的机会是件非常痛苦的事。

我们要记住,永远不要嘲笑孩子的语言错误,特别是当他使用不太熟悉的语言时(双语孩子对其中一种语言的掌握必定较弱)。这包括当大人们让孩子说话或将他的表现(不太熟悉的语言)与其他单语孩子相比较。而且,如果孩子讲话时犯了错误也不应该惩罚他,甚至要避免经常纠正他的错误(详见第三部分 纠正),因为这会打断他的讲话。

最重要的是要和孩子交流,这一点需要爸爸和妈妈共同完成。尽可能的为孩子打造丰富的两种语言的学习环境(包括歌曲、游戏、图书、音像资料、节日、来访客人等等)。

保持统一的模式与孩子进行交流,但家长要记住统一的交流模式有很多种:每位家长说一种语言;节日的语言和平时的语言;工作日的语言和周末的语言;谈话发起者选择的语言;每个人使用自己喜欢的语言。在案例中你会发现许多不同的交流模式。请记住,这些统一的交流模式同样需要投入大量的努力和耐心。

最后,要同孩子一起玩儿。我们观察了许多双语儿童和家长,绝大多数都认为他们同其他家庭一样,拥有有趣、快乐的语言环境,并且是生活的一部分,而且从不会导致焦虑和争吵。

5.11 评估自己的语言环境

你可以通过下面的内容来评估自己家的语言环境。通过阅读问卷你会发现有必要重新阅读本章。什么因素将影响你决定是否培养孩子的双语能力?我们希望能够帮助你做出理智的、现实的,并符合你自己家特点的决定。

问卷

希望通过问卷,结合本章所列举的原则,了解自己家的语言环境。当然,这里的问题不可能适用所有家庭,而且也没有唯一的正确答案。我们建议你将问卷复印,与伴侣分别完成,然后再一起讨论问卷答案。

1. 你使用哪种语言?

		语言	技能	如何学习
你	1	_____	SURW	1 _____
	2	_____	SURW	2 _____
	3	_____	SURW	3 _____
	4	_____	SURW	4 _____
你的父母	1	_____	SURW	1 _____
	2	_____	SURW	2 _____
	3	_____	SURW	3 _____
	4	_____	SURW	4 _____

S = 说 speak;U = 理解 understand;R = 读 read;W = 写 write;

2. 与人交流时你使用哪种(或哪些)语言?如果你会使用多种语言,什么因素会影响你选择交流语言?什么因素会影响你从一种语言换到另一种?这种情况是否经常发生?如果不是,原因又是什么?

------

3. 你自己是双语者吗?如果是,你会说哪两种语言?

你	你的父母
------------------------------	------------------------------
------------------------------	------------------------------
------------------------------	------------------------------
------------------------------	------------------------------

4. 关于培养孩子双语能力问题,你是否拿不定主意?为什么会这样?

----

5. 一般来说,你认为双语现象:

好/ 不好/ 两者都不是

自然/ 不自然/ 两者都不是

容易/ 困难/ 两者都不是

有用/ 碍手碍脚/ 两者都不是

愉快/ 苦闷/ 两者都不是

6. 关于是否培养孩子的双语能力,你是否已经做出了计划?什么样的计划?他们的优势是什么?他们的劣势又是什么?或者你是否能够认真执行计划?

----

7. 关于双语能力培养,你是否从书上或他人那里已经得到了一些建议?如果是,都有哪些建议?

你是否认同这些建议？你是否会遵照这些建议行动？如果不是，原因是什么？

8. 双语能力培养中所涉及的两种语言，使用的频率是否平等？

在家中

在外界

你是否非常喜爱或厌恶这两种语言？

9. 如果你决定培养孩子的双语能力，你是否必须改变自己与他人交流的语言模式？

你需要学会说或理解另外一种语言吗？

10. 你认识其他的双语家庭吗？他们跟你的情况一样吗？你们有联系吗？

11. 为保持孩子的非主要交流语言能力,你采取了哪些措施(拜访亲戚、带孩子回老家、给他买书和音像制品、让孩子上专门的学校、让孩子看特定的电视节目等等)?

------

12. 你觉得自己是否喜欢孩子拥有双语能力,还是觉得这根本就是件麻烦事或左右为难的事?

------

13. 你的母语是否是你与孩子所居住环境中的主要交流语言?

------

14. 试试将你家的语言环境画出来。如果家里存在多种交流模式,他们之间的区别是什么?

第二部分 案例分析:多个双语家庭的做法

在本章中,我们将通过18个案例向大家详细描述不同类型的"双语家庭模式"。这些案例主要采用观察和访问的方法进行调查。在筹划这版书时,我们还联系到了20年前撰写第一版书时所采访的双语儿童家长,了解这些年来他们的双语体验和观点。案例的结尾处还附有家长的感受。在此,对家长们的大力配合我们深表谢意。

我们衷心的希望,通过列举这些案例,能够为当前或未来的家长提供不同的家庭生活规划,而且这些规划的合理性和实用性已被许多家庭验证过。将书中描述的情形与自己的家庭情况进行对比,我们相信你一定会从中吸取优秀的经验,做出更加明智的决定。

如果这些案例与自家的情况完全不符,那也很正常。正如我们一直强调的,双语现象十分复杂,其形式也是千变万化的。然而,我们相信这些案例至少在理论结构上涵盖了双语家庭最普遍、最成功的模式。因此,要知道你的家庭并不是特例。

为了将案例中所描述的双语家庭语言模式陈述清楚,我们制定了下面的图表:

—— 左边,父母共同使用的语言;
—— 居中,父母同孩子交流时所使用的语言;
—— 右边,孩子们之间交流时所使用的语言;

案例1:英语是"爸爸语言"

彼得和安妮·马瑞亚生活在法国东部,他们讲法语和英语。彼得早年在英国获得了工业化学技师的资格,于1969年来到法国居住。目前他在大学中为工程和数学专业的法国学生讲授科技英语。安妮·马瑞亚曾经是位德语教师,但为了照顾两个年幼的孩子这几年她没有再工作。他们的孩子分别是凯瑞恩(8 岁)和莉迪亚(3 岁)。

即便他们并没有在培养孩子双语能力方面做出某种明确的决定,他们却都十分赞同双语教育。妈妈安妮·马瑞亚本身就是双语者,她在法国摩泽尔地区学会讲德语和法语,并且认为这是件"自然而然的事"。她也很喜欢英语,也希望孩子长大后能够熟练地掌握英语。对于爸爸来说"用法语同孩子交流很可笑",因此他出于某种"自私"缘故,希望在他的周围建立起英语的语言环境。

因此这个家庭的语言交流模式如下:

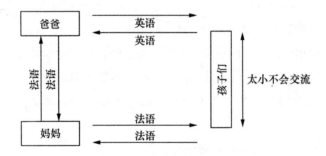

爸爸妈妈之间使用法语进行交流,但爸爸总是用英语与孩子们交流,而妈妈则选择用法语。妈妈能够听懂英语,只是当凯瑞恩和爸爸讲话太快时,她会有些跟不上。这个问题似乎更加困扰爸爸。妈妈却毫不在乎地说"我经常让他们再说一遍","坦白地说这样做有些奇怪,但当你同科学家一起工作你就会慢慢适应"。两位家长都认为他们这种交流方式从来没有问题:"我们根本不知道会出现什么问题。"

在这个家中,爸爸十分注重自己作为"英语资源"的作用,他对两个孩子采取"轰炸式"教育,让她们听录音、歌曲、儿歌并坚持用英语与她们交流。尽管两夫妇无法回忆两个孩子开口讲话的细节,但他们的孩子开始讲话时间比其他孩子稍晚一些。他们的语言能力发展也遵循相同的模式:最初,孩子们用法语与父母交流,而爸爸则用英语回应。凯瑞恩直到3岁9个月才开始跟爸爸讲英语。至今爸爸还记得"那次坐火车的特殊经历"。在我们进行调研时,尽管3岁的莉迪亚能够听懂英语,但她还只会用法语作答。最近她跟父母在英国火车站等车,当她听到站台的广播时对爸爸说:"他说的是英语。"

凯瑞恩是个开朗、活泼的孩子,她喜欢谈论自己的双语能力,而且在讲英文时带有明显的约克地区口音。她喜欢被称作双语者,这与她喜欢来英国有关:"如果不能讲英语,我就不能跟亲戚和朋友说话了。"她觉得无论在家还是在外面,与爸爸讲英语很自然:"有一次爸爸跟我讲法语,我觉得特别好笑。"她也承认,在英国时曾经要求妈妈跟她讲英语。因为如果讲法语会引起路人的关注,这样她感觉很害羞。交朋友的时候,凯瑞恩也不愿立刻承认自己是双语者:"我会先等一等,不会什么都告诉他们。因为那样的话我可能会被排挤,我也不会贸然地插话。"当问到她在学校使用什么语言,她坚定地回答"不是英语"。她英语的阅读能力很好,但在拼写方面还需要帮助。

整个家庭都十分享受双语能力,这要求家长在孩子年幼时要投入额外的努力。

案例2：见机行事

施南和艾云都是土耳其人。在土耳其，他们从中学开始学习英语，直到大学毕业，他们的英语水平也只达到中级。10年前，这对夫妇来到英国学习研究生课程。在此期间，他们的第一个孩子——柯兰姆出生在利兹。他们一直居住在英国并且逐渐养成了双语能力（英语和土耳其语）。来英国以前，他们经常使用土耳其语进行交流。而到了英国之后，他们仍使用土耳其语，但会根据某些场合转换成英语。

最开始夫妇俩没有考虑过柯兰姆的双语能力培养问题，因为他们当时不打算在英国常住。孩子2岁以前，艾云只跟孩子说土耳其语。后来施南得到了一份工作，需要在英国居住5年。这是艾云才意识到如果把柯兰姆送到幼儿园，孩子将很难适应。因此，她决定在孩子上幼儿园以前开始用英语跟他交流，帮助他做好准备。从那时起，夫妇俩之间仍使用土耳其语交流，但对孩子讲英语。这也导致柯兰姆的土耳其语的表达能力逐渐衰退。在柯兰姆3岁到4岁半的时候，父母请了一位土耳其保姆照顾柯兰姆。这位保姆只会讲土耳其语，这也帮助孩子保留第二语言。然而，柯兰姆逐渐发现他与保姆沟通越来越难，有时只能靠她掌握的一点点英语来交流。跟保姆说话时，柯兰姆不得不将两种语言混在一起使用。与此同时，通过与同学们的频繁接触，柯兰姆的英语能力得到了提高。这个时候父母又开始担心柯兰姆会完全忘记土耳其语，回到土耳其他又会不适应那里的生活。柯兰姆7岁时，他的英语能力远远超过土耳其语。

不过,暑假时艾云带柯兰姆回土耳其度假,情况发生了戏剧性的变化。出发前,艾云刻意使用土耳其语与柯兰姆沟通,帮助他适应当地语言。到了土耳其,柯兰姆的确发现自己很难听懂当地语言,但同时他又发现自己流利的英语赢得了亲戚们的羡慕和佩服。他清楚地意识到双语能力使他与众不同,这使他激发了学习土耳其语的热情。两个月后,柯兰姆的土耳其语得到了快速提升。假期结束后,柯兰姆在家中使用土耳其语与父母交流,但现在又像以前一样转为使用英语。爸爸妈妈还像以前一样使用英语与柯兰姆交流。艾云表示只有在表达情感时(比如生气或饥饿),她才会使用土耳其语。施南交替使用两种语言的频率更高。他觉得许多事物(比如话题、词汇、气氛)都会引发他讲土耳其语的冲动,但他会有意识地克制这些冲动,坚持与柯兰姆说英语。在家里,除非有土耳其朋友来访,柯兰姆一般很少用土耳其语谈论某个话题。

在这个案例中值得注意的一点是,尽管父母都是专业的语言学者,但他们从来没有刻意去培养柯兰姆的双语能力。用艾云的话来讲,"我们只是根据不同的情况选择最适合柯兰姆的方法"。事实上,他们也担心双语能力将影响柯兰姆的智力发展。但如果孩子就此错过了培养双语能力及了解双重文化的机会,他们也会觉得很懊恼。

对于柯兰姆来说,尽管英语已经成了他的主要交流用语,他的英语发音却受到了土耳其语的影响,反之亦然。但是,自从那次土耳其度假之后,他发现自己可以完全融入两种不同的语言社会。柯兰姆的例子很好地展示了,孩子与小伙伴之间的交流会影响他双语能力的发展。

98

15 年后：

柯兰姆说：(目前在美国工作)

> 我的确意识到成为双语者的过程很难，因为每个人都想拥有自己的身份。但在英语环境中，没有人质疑双语者的身份。至少我现在就是一位想成为美国公民的英籍土耳其人。
>
> 我十分感谢我的父母，他们采用灵活的方法教育我。我也一定会将自己的家庭打造为双语家庭，因为双语能力会扩展人的思维空间。

案例3：进门之后变双语

英格瑞德是德国人而简弗兰克斯是法国人，他们居住在两个英法"姐妹"城市并且在城市联谊活动中相识。目前他们有3个儿子：大儿子尼古拉斯8岁1个月，二儿子马修艾斯4岁11个月，小儿子杰罗姆2岁10个月。孩子们从小就养成了使用双语的习惯。

两夫妇相识的时候，由于英格瑞德的法语不太好，她便使用德语和简弗兰克斯交流。结婚后两人搬到法国居住，英格瑞德便开始使用法语，因为她每天的生活都需要使用法语，而且也为她提供了很好的学习环境。这种转变似乎也影响到这个家庭后来的生活。如果全家一起回德国，父母与孩子都会用德语交谈，但只要孩子们在一起玩儿时，他们就会使用法语。当有德国亲友来访，他们又都讲德语了。而且英格瑞德的妈妈每年都会来法国,跟孩子们待上两个半月,所以孩子们练习德语的时间也很多。

当家里没有外人时,他们的交流方式就像图一所表示的:爸爸跟孩子们讲法语而妈妈则讲德语。但还有些例外情况。首先,在法国居住时,英格瑞德在家以外的场合从来不跟孩子们说德语。比如,她去学校接孩子们放学。从学校到家的距离有150米左右。但只要他们走进家门,情况就会改变。也就是说,他们严格地遵守"地理"分界。即便如此,如果孩子在外面遇到只讲德语的人(比如外婆),他们也会高兴地用德语与其交谈。

1. 在法国家中

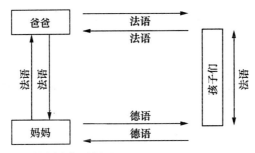

2. 在家以外的场合(法国)

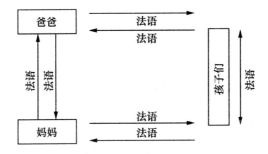

3. 在德国

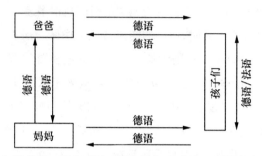

第二个例外是：所有家庭成员全部会参与一项活动时，孩子们就会讲德语。英格瑞德说："这种情况比较情绪化。比如，我做蛋糕的时候，如果孩子和先生都在一旁陪我，我就会感觉很好。"他们看德语节目，也会出现这种情况。"只要气氛特别放松"，他们就会说德语。事实上，英格瑞德也曾试图规定全家在一起吃中饭时要讲德语，然而这条规定并不成功。首先简弗兰克斯承认大部分都是他的错："我不是忘记了规定，一回到家就开始讲法语；而是我觉得工作太累了，不想费劲。"但这条规定的确成功地实施了几天。

他们觉得作为双语者是一件"完全自然、非常有用，有时还很有趣"的事。然而，他们也承认"双语能力培养的确要付出很多努力，特别是家长"。但假设不使用双语，他们无法想象生活会变成什么样。其中一个原因是父母双方的老人都是单语者。当一家人在一起讲故事、开玩笑时，2岁半的马修艾斯严肃地坐在一旁，从容不迫地为爷爷、奶奶、外公、外婆做翻译。可见，双语是一种和谐的力量，培养双语能力非常必要。

从一开始，父母就明确他们的家庭必定成为双语家庭，他们也打算"至少要培养孩子熟练掌握两种语言，即便有一种为主要交流

第二部分
案例分析：多个双语家庭的做法

用语。有时是法语，但在德国待 6 个月后，主要交流语言就会变成德语"。尽管他们也从儿科医生那里得到了一些意见，但却发现这些意见"各不相同。有人告诉我们要等孩子完全掌握第一语言后再培养第二语言。而其他人告诉我们两种语言要同时培养"。英格瑞德同尼古拉斯单独相处时就会讲德语，他们一直保持这个习惯。她还用德语讲睡前故事，唱德语歌曲和儿歌。

孩子们都能熟练地掌握两种语言，即使刚开始他们也会混淆两种语言，但现在可以自如地在两种语言之间进行转换。"有时候他们知道某个词在一种语言中的表达方式（通常是法语），却不知道在另一种语言中将如何表达。尼古拉斯在选词方面很谨慎。马修艾斯两种语言能力的发展比较接近，杰罗姆刚刚开始使用两种语言。"关于双语者的身份，两个年长的孩子并不感到害羞，但却不愿意在人前"炫耀"。家长十分理解他们，并劝告其他的家长，如果孩子不愿意在外人面前讲第二语言，千万不要强迫他们。

两个年长孩子的学习成绩都很好。尼古拉斯开始学习阅读、翻译德文，而且非常轻松。6 岁以前他都有尿床的毛病，但儿科医生确定这与双语能力无关，两年之后尿床的问题得以改善。

马修艾斯说话时总有些紧张和胆怯。他所在的幼儿园将德语课作为实验课，在学生中进行推广。刚开始，他认为这是一种人身攻击、侵犯隐私的行为，因此拒绝上德语课。即便同学们唱他知道的儿歌、歌曲，他也会牙关紧闭（一点儿不夸张）。回到家后，他就会模仿法语老师的德语发音，因为他觉得老师的发音非常不标准。然而当他与老师熟悉以后，便乐于帮助老师纠正发音。

上面所提到的案例中，简弗兰克斯和英格瑞德认为双语能力是一种智慧财富："它可以拓展孩子们的视野，即便是年龄很小的孩子(比如马修艾斯),也会听懂别人在说其他语言。而且我们都知道,将来双语将大有用处。"

案例4:对话用语转换策略

约翰是英国人而玛瑞亚是讲法语的比利时人。大约10年前,他们在德国参加暑期德语强化班时相识。约翰完成英国的学习后到德国工作,而玛瑞亚也在一所家政学校教书。尽管他们彼此都学习并掌握对方的语言,但两人在一起时都喜欢使用德语交流。随后,夫妇俩搬到了瑞士的法语区生活,在那里他们的第一个孩子罗斯琳出生了。从那以后,妈妈使用法语跟孩子讲话,而爸爸则使用英语,两夫妇之间则采取自由地在两种语言之间转换的交流方式。

最近,这一家人又搬到伦敦居住。罗斯琳已经3岁半了,而且已经轻松地掌握了两种语言。通常,她跟爸爸交谈时使用英语而跟妈妈使用法语。然而,当一家人在一起时,她为了迎合父母就会同时使用两种语言。而且,谈话最开始所使用的语言也会贯穿整个交流过程。约翰也许会用法语谈起一个话题,玛瑞亚也会用英语提出一个观点。再有,根据谈话的主题来决定所使用的语言。罗斯琳是一个非常有趣的双语孩子,她会根据特定的语言做出反应,而不是针对说话者。她的话语中从没出现混淆两种语言的问题。尽管没有系统的调查方法,我们可以肯定家庭内部成员之间不断的语言转换,使得她对一些感知性的因素特别敏感。例如,如果有人在另一个房间喊她的名字,她都会用法语回应,但有时叫她的家长希望使用英语来继续谈话。这个现象同样发生在罗斯琳的小弟弟伊特奈的身上。由于妈妈与孩子们接触较多,法语似乎是他们的主要交流语言。即便如此,罗斯琳还是会根据谈话内容选择与弟弟交流的语言。

在这个家庭里,父母双方都十分重视孩子语言能力的培养,并决定将他们培养成双语者。或许在这里我们可以联想到,玛瑞亚来自语言和文化多样性的国家。这让她觉得自己就是孩子们以及左邻右舍交流时的"语言桥梁",而且感觉掌握一门语言要比会说"爸爸妈妈"重要得多。他们都觉得家长在孩子语言发展过程中要提供支持,通过重复或讲解的方法来更正孩子的语言错误,是行之有效的。最后,值得注意的是,尽管转换语言非常随意,但使用两种语言的模式要始终保持一致。因此,他家的成功经验就是语言转换策略。

15年后:

伊特奈(一名中学生)写道:

> 只掌握一种语言或了解一种文化会使交流产生障碍。学习其他语言,可以开拓视野,发现世界上还有其他的语言和文化。我认为掌握两种语言真的可以帮助孩子发展,增强他们的求知欲。

案例5:旅途明灯——双语,不可缺的行李

弗莱德瑞克(法国人)是位出色的商业工程师,生活中大部分

时间他都要为了某个项目在国外待上几年。妻子克里斯汀是奥地利人，两人通过朋友介绍在维也纳相识。婚后不久他们就搬到巴西，并在那里居住了5年，在此期间他们的孩子安托尼和艾米丽出世了。在我们采访他们的时候，他们10个月前刚刚回到法国。安托尼3岁9个月了而艾米丽2岁了。4个月后他们又要搬到智利并且要在那里居住几年。

尽管弗莱德瑞克和克里斯汀都不是双语者，他们都认为双语能力对于他们来说"十分必要"。如果他们不能掌握几种不同国家的语言，我们无法想象他们在当地如何生活和工作。他们都会讲法语、德语、葡萄牙语和英语，而且乐此不疲。他们还希望学习掌握西班牙语。

安托尼出生时，夫妇俩认为孩子会先掌握德语和法语，等他上了幼儿园再学习葡萄牙语。总体来说，事情的确如他们所计划的那样发展，但仍有些小意外。首先，安托尼出生6个月后克里斯汀觉得很难跟孩子讲话："我刚刚摆脱讲德语的习惯，现在使用法语跟丈夫沟通。但我不想跟孩子讲法语或德语。我觉得在巴西对着根本听不懂我说话的孩子讲德语，是件非常可笑的事。"6个月后，尽管克里斯汀责备自己耽误了孩子语言训练，她还是强迫自己习惯使用德语。当第二个孩子出生时，这个问题就不存在了。克里斯汀从最开始就对女儿讲德语，她自己也很高兴。

另一个意外是当安托尼开始讲话时，葡萄牙语却成为他掌握得最好的语言。从2岁起安托尼就用葡萄牙语同保姆和幼儿园里的小朋友交流。他同爸爸妈妈讲法语，即便妈妈用德语问话，他也会使用法语来回答。他自己还发明了一种"私人用语"——一种有趣、好笑的葡、法、德混合语，他特别喜欢在家里使用这种语言。

当一家人搬回法国后,发生了两件事:第一件是,还不到3岁的安托尼,在几个月内很快、彻底地忘记了葡萄牙语;第二件是,他讲法语的频率越来越高。父母都很担心,因为安托尼"总是犯错误,甚至有时把性别都搞错了"。克里斯汀曾考虑放弃同安托尼说德语,她觉得这是导致安托尼法语错误的原因。而且,她担心混淆的语言会使安托尼的语言能力退步,他仍然坚持用德语跟妈妈交流,有时甚至仅仅重复妈妈的问话。除此之外,他们在安托尼身上没有发现其他任何问题。由此可以排除孩子处于某种紧张状态的因素,"或许他只是没有掌握多种语言的天分"。

然而,家里的客人却吃惊地发现,安托尼的法语非常"出色",即使他在法国才待了10个月。当然,他的法语中还有很多错误,但他非常放松、善于交际、口才又好,可以在父母准备晚餐的时候陪着客人聊天。他的父母这才意识到,对于这个年龄阶段的孩子来说,安托尼的法语已经非常好了。

实际上,安托尼同其他的孩子一样,无意识地以最有效的方式对语言进行筛选。在巴西,葡萄牙语是他掌握最好的语言,因为他每天都要使用,随后是法语和德语。这种排列显示出孩子的语言使用频率以及接触不同语言的程度。回到法国后,由于不再需要使用葡萄牙语,安托尼很快就放弃了它并将法语转为第一重要的语言。刚开始的时候,安托尼的法语表达能力与葡萄牙语相比,存在一定的差距,造成了他语言能力的"倒退",这也是他父母最担心的。即使在安托尼的语言能力培养中存在某些问题(主要是父母的问题),但如果他回到法国而不会讲法语,情况会变得更糟。

在巴西居住时,一家人的交流方式如下:

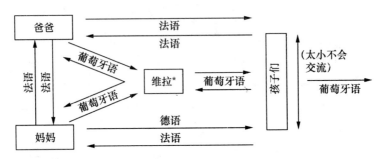

*维拉是葡萄牙保姆。

在法国,他们自然而然地放弃使用葡萄牙语。

案例6:双重文化,可以;双语能力,不要

简和艾纳为我们提供了不希望培养孩子双语能力父母的例子。艾纳是挪威人,他在英国学习民用工程。当他结束在苏格兰的学业时,他的英语已经非常地道,而且克服了所有刚来英国时的语言问题。随后他与简相识。简是英国人。夫妇俩决定结婚后在英格兰定居。他们之间经常使用英语进行沟通。简决定结婚后开始学习挪威语,但据她说她在挪威待了6个月后,可以听懂人们在讲什么,但仍然无法参与讨论。而且,同公公、婆婆讲话时,简习惯使用英语,而他们则用挪威语。

他们有两个孩子:玛瑞安(14岁)和艾瑞克(11岁)。在玛瑞安出生时,妈妈自然而然地同孩子讲英语。艾纳并不想放弃同女儿讲挪威语,只是觉得同她讲英语非常自然。两个人都觉得,在家里推行双语能力有些画蛇添足,而且由于简的挪威语不太好,双语能力还会导致许多问题。如果推行双语能力,一家人的交流模式就

会改变,艾纳与女儿讲话时,不得不时时为妻子翻译。夫妇两人都觉得,仅仅为了让孩子能掌握两种语言而付出这么大的代价简直就是在浪费时间。由于妈妈与孩子在一起的时间较长,假设她能够讲挪威语,她就会觉得有必要同孩子讲自己的母语。但艾纳对此并不在乎。

另一个影响他们决定的因素是挪威语在世界语言中的地位。如果我们所谈论的是其他主要欧洲语言(比如法语或德语),艾纳或许会重新考虑子女的语言教育问题。实际上,孩子们在挪威度假时可以自由地同当地人交流,因为大家都可以使用英语。唯一的问题就是当爷爷来英国探亲时,他们无法与讲挪威语的爷爷交流。

艾纳的决定并不是源自他对自我的否定及对出生地的排斥。即便挪威语有限的应用范围可能是影响夫妇决定不组建双语家庭的因素,我们却看到简和艾纳仍然尽全力鼓励和保持孩子们的双重文化。家里有翻译过的挪威图书、磁带等等。每年夏天,全家人都要去挪威度假。不容置疑,每个家庭成员都有与挪威相连的意识。

要说明的是,如果孩子们提出想学习挪威语的愿望,家长一定会支持。他们为我们树立了一个特例:自然地放弃使用一种语言,但没有刻意避免接触这种语言所承载的文化。除了家长自己对挪威文化的眷恋外,英语的国际地位也是造成这种结果的原因。

15 年后:

艾瑞克(已就业):

> 我拥有50%的北欧海盗血统,这让我感到非常自豪。但很遗憾我不会讲挪威语,所以我现在开始学习。我只希望挪威语不要太难,而且希望自己现在就是双语者。小时候学语言要比长大后容易。真希望小时候在家里自己多努力学习挪威语。

案例7:家庭根基最重要——一位家长,一种语言

丽萨和吉安是对芬兰夫妇,他们在芬兰居住。丽萨在芬兰语环境中长大,而吉安来自瑞典语家庭。丽萨在学校学习过瑞典语,并称自己的瑞典语十分流利,但也会受到芬兰语的影响。吉安很小就开始学芬兰语。他读医学学位时使用芬兰语和瑞典语,因此他能熟练地掌握这两种语言。

夫妇俩决定将孩子培养成芬兰语和瑞典语双语者,主要出于以下原因:首先,他们希望孩子能与双方的家庭成员自由交流。此外,瑞典语还可以帮助孩子接触其他语言群体,了解斯堪的纳维亚地区文化。

他们的决定也受到社会和就业因素的影响。对大多数工作而言,掌握瑞典语势必成为一项重要优势,而且在斯堪的纳维亚其他地区,各种行业的芬兰公司数量在不断地增长。

他们认为自己的决定非常正确,而且从一开始就热衷将孩子培养成双语者。与此同时,他们采取随意方法,并没有依赖教条的双语理论。两个人还达成共识:由于丽萨在家陪孩子的时间较长,

芬兰语很可能成为孩子们的主要交流语言。丽萨也觉得一个家庭需要一个语言根基,而根据他们自己的情况,他们家无疑会选择芬兰语。

他们有两个孩子,安妮(5岁)和乔(3岁)。除了由于社会原因而采用的主要交流语言,夫妇俩一直坚持用自己的语言同孩子们交流。孩子们同爸爸、奶奶讲瑞典语。他们还通过电视和电台学习瑞典语。然而,他们没有年龄相仿、讲瑞典语的小伙伴,只能靠英语与小伙伴沟通。

安妮在一段时间内出现了混合两种语言的现象,但长到4岁后这个问题就消失了。她可以完全区分两种语言并开始阅读两种语言的书籍。乔仍处于混淆的状态,他经常在芬兰语结构中植入瑞典语。两个孩子都了解掌握双语能力的优势,而且还喜欢自我膨胀地炫耀,比如为他们的芬兰朋友介绍瑞典电视节目。

在采访丽萨时,一家人已经在英格兰居住几个月。由于爸爸经常出差,孩子们上了英语幼儿园,他们的瑞典语水平有所下降。在学校,安妮表现非常出色。由于弟弟的语言能力有限,无法准确表达自己想要什么,安妮就非常愿意为弟弟当翻译。

值得注意的是,母亲的语言会影响家庭成员双语能力的模式。丽萨一家体现了在芬兰居住双语家庭的情况。有趣的是,当孩子遇到讲第三种语言的小伙伴,瑞典语就成为了"边缘"语言。然而,我们惊喜地发现,这些问题都没有难住5岁的安妮。为了与小伙伴沟通顺畅,她很快掌握了英语,同时为了帮弟弟翻译,她将第一语言翻译成第二语言的能力转为第一语言翻译成第三语言。这也向我们证明了双语者据有极强的灵活性。

一家人的双语模式:

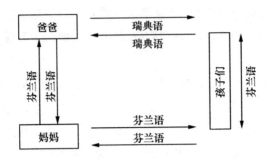

案例8：家是我的语言城堡

约翰和凯特于1968年从英国搬到法国居住，并孕育了3个孩子（艾伦17岁、小约翰16岁、婕尼10岁半）。他们彼此用英语交流。包括3个孩子在内，一家人都带有提兹赛德地区的口音。目前，爸爸约翰是法国政府的化学研究师，目前借调到法国酿酒公司工作。

父母双方都不认为他们具有语言天赋："我们学法语很费劲"。当我们要求他们详细描述时，家里拥有最高学位的爸爸说："我中学的法语考试4次都没及格。"

一家人十分看重自己的英国人身份。对于父母来说，申请法国国籍很容易，尽管过程比较繁琐。孩子们也乐于经常回英国度假。

他们家的语言交流模式很简单：在家说英语，在外讲法语。凯特承认在孩子小时候，她曾经刻意阻止他们之间用法语交流。这样做导致两个年纪大的孩子在学校讲法语，特别是艾伦从来不在朋友面前讲英语。他们有时也会趁父母不在，在家里讲法语，而他们与小妹妹交流时还是用英语。如果听到哪个孩子混合使用两种语言,爸爸就会大发雷霆,并对这种行为进行打压,他认为这种行为太不严肃了。尽管家长不断更正孩子语言混用习惯,但孩子们对此却嗤之以鼻。由于爸爸总喜欢说英法双关语,他们觉得爸爸同他们一样在犯错。然而,这种习惯语和快速交流体现了孩子们对英语的熟练掌握。家长希望孩子们能完整地将语言区分开来。

他们决定建立和保持外来家庭的本质,这并不是出于对法语的排斥。父母都认为孩子们应该掌握双语能力并接受孩子们的主要交流语言为法语。他们也发现目前家人的交流状态"再自然不过了"。最初,他们也曾就孩子的语言能力进行过咨询。一位意人利妇女告诫他们,如果让孩子接触两种语言,他们的大脑会承受不了。事实上,他们没有其他选择,而且孩子们的大脑并没有承受不了。他们能回想起的难题是:艾伦感觉自己能使用两种语言后就变得有些自负。而且孩子们还发现他们没有办法同时邀请英语和法语朋友来家做客,因为在那种状态下他们的大部分时间都在忙着翻译。

尽管孩子们开始学习法语的年龄不同(艾伦 3 岁、小约翰 1 岁、婕尼几乎同时),他们的学习方式和结果似乎没有什么不同。据父母讲,3 个孩子英语讲得非常好,但法语似乎更好。他们将这归功于学校为孩子提供的法语教育,他们的学习成绩都不错。

然而,当我们询问孩子作为双语者是否感到害羞以及他们怎样看待双语能力时,孩子们的回答都不一样。在学校,艾伦从来不告诉同学她会使用两种语言,以至于当有一个美国女孩插入她所在班级时,不知道该用哪种语言与她交流。这让艾伦感到有些尴尬。

另一方面,小约翰到处跟人说他是英国人(父母曾批评他把这一点当作学习成绩不好的借口,因为老师不知道小约翰已经在法国居住了好多年)。婕尼承认她有些害羞,但同样坚持很高兴能够使用两种语言。

两个大孩子都可以用英语阅读、写作。1978年一家人搬到美国住了1年,在那里孩子们接受了良好的教育。最初,小约翰只能阅读少量英文,但自从他接触了电脑,就变得比较喜欢在电脑上阅读英文。

从旁观者的角度来看,我们发现孩子们的英语基础非常扎实。当凯特半开玩笑地说:"我不会跟我的孙子讲法语",我们就会不由自主地想到,几十年之后,在洛林地区还会有讲提兹赛德语和英语的双语人群吗?

案例9:孩子的自由——接受孩子双语的独立性

凯瑟琳是法国人。她在巴黎教英语时与保罗相遇。保罗是北爱尔兰人,在法国国家图书馆撰写法国文学论文。最初相识的6个月里,凯瑟琳同保罗讲英语而保罗对她讲法语。当凯瑟琳在瑞典找到一份翻译的工作,保罗回到英格兰继续自己的大学学业。他们仍以过去的沟通方式相互通信。与此同时,凯瑟琳的英语已经相当流利,而且她每天的工作都要用到英语。

两人结婚后在英国居住。他们制定了一种交流模式:工作日使用法语,周末使用英语。保罗仍有机会到巴黎继续他的研究。因此,尽管他们在英格兰居住,1年中至少有4个月要待在法国。

3年后,两夫妇搬到英国南部。随后他们的第一个儿子——帕特里克出生了。而他们之间的交流模式也发生了改变。法语成为夫妇之间的主要交流用语,而且包括周末在内。凯瑟琳也只用法语同孩子交流。爸爸希望在确定帕特里克的法语已经打好基础后,再开始跟他讲英语。当时帕特里克已经1岁半了。

接下来的几年里,帕特里克形成了一种很有趣的性别理论:女人讲法语,而男人讲英语。但当他跟爸爸妈妈去法国旅行时,这种性别理论彻底瓦解。因为他惊奇地发现外公和舅舅都在讲法语。

帕特里克3岁的时候,家里的第二个孩子要出生了。当时妈妈需要住院,帕特里克只好去了一家英语幼儿园。在那里他过得很不开心,但我们不清楚具体原因,也许是由于妈妈的突然离开或者一下子把他放在一群讲英语的孩子中所导致的。

当他们的第二个孩子麦克1岁3个月大时,一家人到加拿大居住了一年。他们回到英国3个月后,孩子们开始在学校使用英语交流。一周以后,孩子们就不再公开使用法语。他们将法语当做私人语言,仅在与妈妈交流时使用。

因此,这个家庭成员之间交流的模式就形成了,而且非常牢固:父母之间用法语交流;妈妈使用法语与孩子们交流,但他们却用英语来应答。当妈妈不在场时,爸爸就会使用英语与孩子交流,而妈妈在场时则使用法语。他们都把法语当作与妈妈沟通的私有用语。具体的交流模式如下:

在采访时,帕特里克和麦克分别为16岁和13岁。他们都能完全理解法语句子,而且语音标准。经常随父母到法国度假无疑帮助他们保持口语表达能力。妈妈则表示:"他们的法语单词量相对较少,而且使用法语句式基本局限在简单句层次。"而且,除了法国漫画书(比如丁丁历险记)以及偶尔出版的法国杂志外,他们几乎

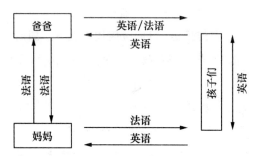

不阅读其他法语书籍。在写作时,孩子们经常会出现语法或拼写错误。随着孩子们在学校里学习法语,这些缺点逐渐消失。后来,在中学毕业考试时,孩子们的法语成绩是 A。但在高考时,由于要选理科方面的科目,他们放弃了法语考试。

帕特里克和麦克的例子非常有趣,因为他们从很小就形成了语言的独立性——学习法语是为了听懂妈妈的话。他们似乎一直在遵守两个原则:第一,家庭成员有权利使用自己的语言来表达;第二,省事原则。当然我们无法了解两种原则中哪种比较重要。家庭成员之间已经达成了共识:爸爸讲法语,是因为他喜欢用这种语言进行表达,而且法语也是妈妈喜欢使用的语言。一家人完全可以根据自己的意愿,放弃讲法语。讲法语的最根本目的是为了确保每个家庭成员之间的有效沟通。通过这种方式,每个家庭成员都会选择自己喜欢的语言进行交流。

孩子们的行为似乎反映了一种非常敏感的语言态度,而且家长非常明智地允许这种态度存在。任何反对态度都有可能导致摩擦。通过认可孩子们的社会生活及与伙伴之间的活动,允许他们将英语作为主要交流语言。与此同时,在家中维持法语的交流能力,家长尽可能的为孩子提供接触法语和法国文化的机会,而不是强迫孩子学习。如果是这样的话,孩子将不费吹灰之力就可以达到熟练使用法语进行交流的水平。妈妈觉得她教给孩子基本的法语交流能力,以备今后孩子们在工作中需要使用。

案例 10:追溯到童年

伊娃是瑞典人,但在英国居住了 13 年。她在瑞典上大学时学习英语和法语。尽管瑞典语是她的主要交流用语,但当谈论某些特定主题或某种特殊场合时,她还是觉得使用英语更方便。她觉得自己对瑞典语有很深的感情,因为她在童年一直使用瑞典言。伊娃几乎每年都会回瑞典,但每次所见到的人都不一样。这使得她在使用一些惯用语时总觉得有些不自信。

15 年前伊娃与理查德(英国人)在瑞典相识并结为夫妇。理查德是位自由翻译者,他在英语环境中长大,在大学期间学习德语和法语。他在夜校里学习瑞典语并在瑞典居住过 3 个月。伊娃和理查德最初相识时用法语交流,随后便经常使用瑞典语。理查德的瑞典语发音非常地道,几乎可以乱真。即便如此,伊娃也不愿承认理查德为双语者,因为他所掌握的被动式瑞典语词汇并不全面,而且他在"瑞摩"挪威人或丹麦人说话内容方面的能力与真正的瑞典人相比还有一定距离。

伊娃与理查德的儿子彼得出生后,一家人就在英国定居了,并且决定培养孩子的双语能力。彼得 2 岁前,父母一直使用瑞典语与孩子交流,而理查德会用英语给孩子讲故事。随后,一家人搬到荷兰住了两年。在这期间,伊娃照看孩子并用瑞典语同孩子交流。后来彼得去了一家当地的幼儿园,那里的孩子都讲英语。一开始彼得跟小朋友们讲瑞典语，过了一段时间他便开始学着讲英语。当一家人再次回到英国时，即便彼得的主要交流语言还是瑞典语，但他已经可以自如地用英语进行表达。回到英国后，彼得先上了幼儿园，接着上小学，他的英语能力进步很快。几个月过后，伊娃欣慰地发现，学校里的老师将彼得当成英国本土孩子。伊娃认为从彼得从6岁起，就已经成为语言能力发展均衡的双语者，只是他在使用两种语言时更多根据具体的情况而不是针对谈话对象。比如在瑞典度假时他会说瑞典语，但在英国时他就使用英语。

家庭成员之间的语言交流模式也变化得很快。从小学一年级起，彼得就开始用英语与父母交流，父母则以瑞典语进行回答。但彼得逐渐放弃使用瑞典语，即便他对小狗说瑞典语，有时他会觉得说瑞典语有些难为情。实际上，瑞典语成为父母之间私下交流的语言。一家三口之间的交流模式恰恰反映了这一点：当伊娃使用瑞典语与理查德交谈时，如果觉得有些事情应当引起彼得的注意，伊娃就会转用英语，以便将彼得融入谈话。但如果某些谈话内容父母不想让彼得参与，他们就会一直使用瑞典语。事实上，伊娃觉得彼得能够听懂他们之间的谈话，只是故意装作听不懂。彼得现在12岁了，父母觉得帮助他提高瑞典语的最好办法就是让他多在瑞典生活，在当地的语言环境中强迫他使用瑞典语独立地生活。

他们认为彼得在英国不愿讲瑞典语，一方面是觉得没有必要，另一方面是源于彼得讲瑞典语的方式——用伊娃的话说，典型的"娃娃语"。彼得所掌握的语法和词汇已经无法满足这个年龄段孩子的交流需求。这个结果也不奇怪，因为彼得毕竟很长时间没有使用瑞典语了，而且他的读音和词汇还停留在幼儿阶段。因此，为了流利地使用瑞典语进行表达，彼得不得不将自己扮演成童年时的样子。很显然,已经步入青少年的彼得在使用两种语言时,还要在当前的自己和以往的自我状态之间不断纠结。以往说话的模式不再适应当前的交流需要,而且彼得的英语交流能力相当出色,所以别扭的瑞典语会令彼得感到羞愧。还有一点值得注意,"幼稚"的语言抵制了父母对彼得瑞典语能力发展的影响。相反,英语对彼得的瑞典语影响长达 6 年之久。

如果将案例 9 同案例 12 进行对比,其结果非常有趣。案例 12 中乔安娜通过经常到西班牙拜访好朋友来保持自己的"第二语言"。案例 9 中也使用了相同的模式,但主要是通过保持家长和孩子的交流频率来解决双语培养问题(增加家庭成员之间的交流,以避免出现彼得一样被孤立的情况)。也许接下来的几年里,彼得要增加与瑞典伙伴之间的交流,使其较弱的语言发展成为他的第二语言。

15 年后:

彼得已长大成人,他的双语培养经历与青少年时的交流模式密不可分。目前,他已 33 岁,在英国居住。他说道:

> 我使用瑞典语的机会不多。当我遇到瑞典同事时,我发现同他们讲瑞典语对我来说非常有帮助而且很有趣。只是这样的机会并不多。

同时彼得觉得,他需要依赖别人的帮助才能流利地讲瑞典语。这也反映出他在书面表达方面的欠缺:

> 我觉得自己的英文读写都非常好。但我的瑞典语却在退步。从来没有人教我如何使用瑞典语进行阅读或写作（非常遗憾），所以我觉得要依靠自己的能力来学习非常困难。

案例11：文化遗产——一位家长，一种语言

1970年马婷娜和罗纳德在埃罗河边的葡萄园相遇，当时他们都是摘葡萄工人。马婷娜是法国人而罗纳德是美国人。他们刚认识的时候，马婷娜的英语还不太好，而罗纳德在巴黎学习了3年工程学，他的法语已经达到可以进行基本交流以及学术研究的水平。

从一开始，两个人经常使用法语进行交流。马婷娜习惯随时纠正罗纳德的法语语法错误。在采访他们的时候，他们在英国已经居住了8年。目前，马婷娜在一家书店做全职店员，并且觉得可以轻松地使用英语与顾客进行交流。甚至她觉得有些话题很难用法语进行表达。罗纳德的法语却没有达到这种水平。尽管他能够流利地讲法语，但他的英语口音还很重而且在表达复杂观点时感觉很困难。

他们有两个孩子：安娜（5岁）和多米尼克（3岁）。通常两个孩子之间以及同小朋友之间用英语进行交流。他们从1岁2个月就去了一所英语幼儿园，因此接触讲英语小朋友的机会要比接触讲法语小朋友的多。两个孩子只在晚上在一起唱歌时使用法语。

马婷娜一直使用法语同孩子讲话。孩子可以根据语言来判断

妈妈的行为:如果妈妈听广播,一定是法语电台。还有,妈妈爱读书,家里到处都是法语书。但是当奶奶来做客时,妈妈就不再使用法语与家人交流。

罗纳德同样坚持与孩子们用英语交流。当全家人去法国看望外公和外婆时,他也会使用法语。因此,维系孩子与祖父母之间的关系,也是家长决定培养孩子双语能力的重要因素之一。

全家人基本上按照"一位家长,一种语言"的模式进行交流。除了上面所提到的情况外,孩子在睡觉前也会稍稍破坏语言交流原则。每天睡觉前,爸爸和妈妈要轮流给孩子们讲故事,而每次都是由孩子们来选择故事书,因此爸爸妈妈要根据具体的故事书来使用相应的语言。因此讲睡前故事所使用的语言是由故事书决定的。

尽管安娜的主要交流语言是英语(她最先掌握的是英语词汇),但有时她的双语能力又表现得均衡,特别是她刚从法国回来,重新开始使用英语而法语能力还没有退步时,这种现象尤为突出。这种现象在有过类似成长经历的孩子中非常明显。现在安娜能够单独同外公外婆相处6个星期,每次从法国回来后的一周内,她只用法语与人交流,甚至包括跟爸爸讲话。目前安娜开始学习阅读英语文章并对法语写作也表现出浓厚的兴趣。

在几个孩子中,安娜的语言能力发展相对较慢。马婷娜和罗纳德认为,这与同时接触两种语言有关。安娜在上学时,有一段时期会出现这样的问题:当她讲英语时,别人听不懂她的话;而当她讲法语时又带有英语的语音。但由于安娜的学习成绩一直名列前茅,马婷娜和罗纳德没有过于担心,而且安娜慢慢地克服了这些问题。

多米尼克开始说话的时间比安娜早,但他的语言能力发展却较慢。然而,他却没有出现姐姐的那些问题。马婷娜和罗纳德认为,这主要是他们没有像对安娜那样关注多米尼克的语言能力培养。

尽管马婷娜和罗纳德希望培养孩子的双语能力,但他们却以轻松的态度来看待这个问题。而且他们也意识到这种尝试有可能会失败。他们的一对朋友曾经坚持"一位家长,一种语言"的原则并取得了成功,而另一对朋友采取相同的培养原则却导致失败。因此,他们只想尝试一下,希望这个原则在自己的孩子身上发挥作用,取得成功。他们培养孩子双语能力的初衷是多方面的,主要目的是帮助孩子能够延续使用体现父母国籍特征的语言:"与其说是教育投资,不如说是教育继承。"马婷娜希望自己的孩子能够讲法语,长大后能够阅读法国文学,愉悦身心。除此之外还有一些因素值得考虑:比如孩子长大后有可能到法国移居或留学。总之,双语能力具有其优越性,除纯语言方面的成就以外,双语能够培养孩子跨文化生活的能力(在英语环境中生活的法国人),帮助孩子培养宽容、随和的性格,就像马婷娜说的:"更加人性化"。

15年后:

安娜(已经成为一名大学生)写道:

> 我也会将我的孩子培养成双语者,因为双语能力为孩子提供了一个更加广阔的空间来了解有趣的世界,而不仅仅依赖周围的环境做出单一的判断。这种能力也能够帮助培养孩子宽容的性格,而且有助于学习更多的语言。

多米尼克(已参加工作)写道:

> 如果我只会使用一种语言,我无法想象那是什么样情形。我的许多朋友只了解一种文化,看着他们,我无法想象自己在那样的环境中的状态。让我最苦恼的是,我不能随心所欲地与表兄弟们交流。他们跟我年纪相仿,讲法语时总会夹杂着许多我不会的惯用语。因此在跟他们聊天时,我所说的话听上去特别简单、幼稚。

案例12:两个家庭、两种语言、两种文化

特丽莎是西班牙人,22岁时在英国的语言学校开始学习英文。9个月后,特丽莎获得了剑桥中级英语证书,随后又通过了剑桥高级英语证书。之后,她在当地的一家公司担任翻译,与此同时与约翰相识并结为伴侣。十几年来,特丽莎一直居住在英国,她觉得自己是名双语者。特别是在某些场合,英语已经成为她首选的交流用语。

特丽莎的丈夫约翰是英国人,但具有不同的语言背景。约翰的母亲家族中有法国亲戚,所以他从小就熟悉法国的文化和语言。尽管约翰的法语口语很棒,但他不承认自己具有双语能力。约翰认为对他来说,从23岁开始学习西班牙语是件"十分艰难"的任务,而且这一举动还使他几乎将法语全部忘记。即便如此,约翰去西班牙语国家出差或度假时,他还是可以听懂当地人大部分谈话、能够打电话或与当地人交流。但如果涉及较复杂的商务谈判,他

就会觉得有些力不从心。另外，在西班牙与妻子的家人一起度假也会让约翰感到很难受，因为他没办法融入大家的谈话，总是觉得自己被排挤在外。因此，当朋友不在场时，夫妇俩就会使用英语交谈。

他们的女儿乔安娜今年 11 岁了。孩子出生前，夫妇俩并没有决定是否培养孩子的双语能力，完全采取顺其自然的态度。他们并没有规定"谁来讲哪种语言"，而是以一种轻松的态度对待孩子语言能力培养问题，认为只要是"自然的"、效果好的做法就一定是正确的。最开始，特丽莎和约翰都用西班牙语同孩子交流。西班牙语成为乔安娜的主要交流语言，但于此同时她也掌握了英语，这主要通过与英国保姆和幼儿园老师的交流。从乔安娜上小学起，特丽莎开始使用英语与女儿交流，西班牙语则仅用于母女之间亲密情感时使用。

尽管乔安娜从小一直生活在英语的环境中，每年夏天妈妈都会带她回西班牙度假，时间为 3 个月。在这期间，他们只使用西班牙语与亲友们交谈。

乔安娜似乎可以随意交替使用两种语言，而且在"两个家庭、两种语言、两种文化"模式中感觉十分自在。她在西班牙和英国都有朋友，喜欢在两个国家居住。但她倾向将两个不同环境区分开。在英国时，她不会使用西班牙语与妈妈交流。比如，她不喜欢妈妈在英国朋友面前跟她讲西班牙语，因为她认为在英国讲西班牙语不合适。

目前乔安娜的西班牙语和英语能力发展并不均衡。特别是她所接受的英语教育帮助她大幅度地提高了口语能力，而对她的西班牙语也造成了一定的影响。父母认为他们应当鼓励乔安娜多阅读西班牙语书籍来加强其较弱语言的学习。如果他们能够为乔安娜提供更多机会,利用西班牙语来学习新事物,那么她的西班牙语将不仅仅局限为"假期语言"。

乔安娜为我们提供了一个有趣的、成功培养双语能力的案例。在她的成长历程中,家长并没有遵循普遍采用的"一位家长,一种语言"的原则,而是采用了"一个国家,一种语言"原则。这表明双语家庭并不是培养孩子双语能力必不可少的因素:两个单语家庭同样能够培养孩子的双语能力。当然,这种情况不一定适用所有家庭,但这种做法确实存在而且效果不错。这个案例中唯一的缺点在于,当家庭规模随着时间逐渐扩大,家庭成员之间的联系也会慢慢减少,由此导致第二语言的使用也会逐渐消失。在乔安娜的案例中,妈妈坚持每年带她回西班牙是确保她掌握西班牙语的关键因素。爸爸愿意接受西班牙亲属的态度也起到一定作用(他原本可以坚持去其他地方度假)。因此,我们再次看到父母对第二语言的态度对于孩子的双语能力培养起到关键性的影响作用。

案例13:来得快,去得快

玛丽亚和罗杰一家经常会因罗杰的工作需要到处搬家。在我们采访他们的时候,他们刚刚搬回英国,在此之前他们先在奥地利居住了两年,随后搬回英国居住了几个月,之后又搬到墨西哥住了4年。他们有两个孩子,海伦娜(9岁)和菲利普(7岁)。由于经常搬家,两个孩子经历了许多关于新语言、新环境及新朋友等一系列问题。

由于玛丽亚的母语不是英语,这个家庭的交流用语有些复杂。

玛丽亚出生在罗马尼亚,她学习过几种不同的语言,其中包括学校里教授的俄语和法语。她通过自学和口语角学习英语。1969年,玛丽亚来到英国,在一家实验室工作。她与罗杰相爱并生下海伦娜。海伦娜2岁之前家庭成员的交流模式如下:

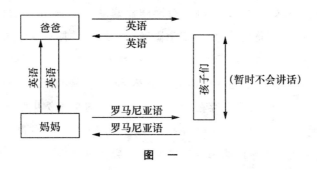

图 一

海伦娜大约在2岁左右才开始说话。全家准备去奥地利之前,小弟弟菲利普出生了。

当全家到达奥地利,父母觉得孩子们掌握两种语言就足够了,而且最好把其中一种语言作为"家庭用语"。英语被选为主要交流语言。玛丽亚从一开始就对菲利普讲英语并且不再同海伦娜讲罗马尼亚语,这个决定似乎没有对海伦娜产生太大影响。海伦娜和菲利普经常用英语交流。

在奥地利时,英语仅限于在家里使用。而且除了小宝宝,所有家庭成员都学习德语。那段时期,这个家庭的双语模式是居住在异国的单语家庭普遍采用的模式。

刚到奥地利时,玛丽亚根本不会德语,她通过上夜校来学习德语。罗杰称自己的德语已经达到基本交流水平,可以应付日常工作。通过每天的语言接触,罗杰不断提高自己的德语水平。海伦

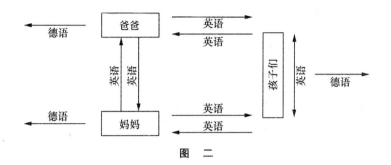

图 二

娜刚到奥地利时只有 2 岁,3 岁的时候父母送她去当地的幼儿园。6 个月之后海伦娜才适应了新环境,而且这段适应过程并不是一帆风顺的——她拒绝在学校睡觉,每天都很疲惫。在家她从不讲德语,只跟说英语的朋友玩。

后来一家人从奥地利回到英国,那时,海伦娜 4 岁、弟弟 2 岁。父母反应海伦娜在英国学校里相对表现不错,学习成绩取得了一些进步。但由于她的英语跟其他孩子相比仍有差距,没能在短时间内赶上同学们的进度。她只在学校待了一个学期,全家人就又搬到墨西哥去了。这时她将德语全忘了。

菲利普是个安静的孩子,2 岁半以前不怎么爱讲话。全家人在英国居住时,菲利普曾经上过当地的幼儿园。在墨西哥居住的 4 年里,全家人主要使用英语相互交流(图二中的交流模式经常被使用),只是将德语换成了西班牙语。在这期间,外界环境对孩子的语言发展影响很大,他们都开始学习讲西班牙语。

海伦娜在一所英语学校就读,那里的老师都可以讲英语但 90% 的学生讲西班牙语。通过一年半的学习,海伦娜最终掌握了西班牙语。随后海伦娜先回到英国,在住宿学校生活了 1 年。两个学期后,她利用假期回到墨西哥与家人团聚。这时海伦娜似乎忘记了所有西班牙语,甚至一个字都不会说。但经过两个月的假期,她的西班牙语又慢慢恢复过来了。

刚到墨西哥时,菲利普还不满3岁。父母先送他去一家西班牙语幼儿园,但在那里菲利普拒绝讲西班牙语。后来他转到姐姐的学校,在那里待了6个月。在这期间,菲利普通过与小朋友和家里的墨西哥保姆交流学习西班牙语。

目前一家人回到英国已经9个月了。据父母反应,海伦娜西班牙语讲得不错,但没有任何进步:她既不阅读西班牙语书籍,写作能力也很差。在墨西哥上学期间,海伦娜并不开心,因此她选择法语作为第二语言选修课。回到英国不到两年的时间里,海伦娜的英语没有太大进步,尤其是词汇和流利程度方面,父母也觉得她的阅读速度比较慢。但另一方面,海伦娜的英语发音很好,爸爸说这是她喜欢听英语的缘故。现在海伦娜的学习成绩非常不错,由此可见海外的生活经历没有对她的学习造成不良的影响。

回到英国后,菲利普的双语能力似乎显得更加均衡。英语成为他的主要交流语言,特别是在阅读和写作方面,而他的西班牙口语也不错。但是,他的英语受到西班牙语的影响,特别是在重音和语言语调方面(夫妇俩认为菲利普受到妈妈口音的影响)。我们采访他的时候,菲利普的西班牙语讲得已经不那么自如了,而且还表现出要刻意忘记西班牙语。他决定明年要像姐姐一样选修法语。

经常移居的生活对一家人的交流模式影响很大。主要体现在:由于受到外部环境的影响,家庭内部使用的自然双语模式(罗马尼亚语/英语)被对外交流使用的双语模式(英语/德语;英语/西班牙语)所替代。这一变化源于家长希望加强家庭内部团结,"根据我们的情况,孩子在家里最好使用一种语言"。由此妈妈的母语被放弃了,从而导致家庭内部双语模式的缺失。

玛丽亚和罗杰并没有刻意培养孩子的双语能力,他们也不反对孩子在新环境中学习新语言。他们也习惯了家里每个人都使用不同的语言。坚持一种家庭用语原则是为了让孩子们体会到无论他们走到哪里,他们的根都在英国。再有,即便夫妇俩不反对双语现象,他们也不希望让孩子的生活变得过于复杂。最终,他们一致认为在孩子语言能力培养方面,"必须全力关注一种语言的培养"。

由于一家人将英语作为在海外生活期间家庭内部的交流语言,罗杰作为家里唯一的语言权威,起到了非常重要的模范作用。由此他也养成了故意放慢速度、发音清楚、使用规范用语的习惯。

由于父母主要关注孩子对一种语言的掌握,看到孩子忘记在国外学过的语言时,他们并没有太担心。孩子们不喜欢讲西班牙语或德语,夫妇俩也没觉得很遗憾。他们相信孩子们很坚强,能够在新的环境中学会如何与人交流。这对孩子来说或许很难,但对于他们自己来说也不容易。我们在采访他们的时候,觉得他们实际上就是一个单语家庭,只不过家庭成员都学过至少两种语言。对于他们来说,双语能力只是根据实际情况而采取的必要的、暂时手段,而统一、正确的家庭用语才是长期目标。

案例14:带有幽默感的决定

在丹麦埃斯比约到英国哈里奇的轮渡上,我遇到了贝格媞和奈杰尔一家。他们有两个孩子,一个男孩一个女孩,都是10岁左右。两个孩子十分随意地使用英语和丹麦语相互交流。1周后我采访了这对夫妇。他们告诉我,我所看到的情形只发生在船上,在英国,一家人的主要交流用语是英语,而到外婆家度假时则使用丹麦语,只有在两国之间的路上孩子们才会出现交替使用两种语言的现象。

贝格媞出生在丹麦,上中学时选修德语,1年后又开始学习英语。由于经常与德国笔友交流,她的德语非常流利。18岁那年贝格媞第一次来到英国,在埃索石油研发中心工作。这段时间里,她的英语水平得到了快速提高,而且还遇到了未来的丈夫奈杰尔。

随后,贝格媞回到丹麦参加为期三年的组织方法培训,奈杰尔每年暑期都会前往探望。他们经常使用英语交谈,奈杰尔每天都会学习几个"关键的生存词汇"以及"与人交往时应注意的礼貌用语"。1967年他们结为夫妇后便在英国居住(在婚礼上奈杰尔精心准备了丹麦语发言稿,这也标志着他已经掌握了丹麦语)。

贝格媞承认婚后不久,她开始怀念丹麦的家人以及丹麦的生活方式,但她努力将自己的家布置得十分"温馨"并感觉很幸福。婚后的前4年里,他们都外出工作,两人有能力支付每年至少一次回丹麦探亲的费用。后来,贝格媞的亲戚经常来英国看望他们,这让她感觉一直与丹麦保持着联系。实际上,夫妇俩都十分向往丹麦的生活,尤其奈杰尔不太满意当时在英国的工作。他们曾认真地考虑过移居丹麦,但最终这个计划还是搁浅了。

刚成家时,他们就决定要把子女培养成双语者,尽管还不清楚具体应该怎么做。他们目睹了一件事,使他们更加坚定了这个决定:贝格媞亲戚中有一个6岁的小女孩,从小跟着父母在加拿大居住,而且只会讲英语。当她回到丹麦看望祖父母时,根本不会交流。贝格媞和奈杰尔都觉得,如果孩子无法与老人交流,不能建立亲密的关系,会让老人感到难过。因此,他们决定自己的孩子一定要避免发生这种错误。

当大女儿丽萨出生后,妈妈主要用英语跟她交流,但经常使用丹麦语来唱催眠曲、说儿歌。所以,丽萨开始讲话时,她既会讲英语,又能轻松理解丹麦语。丽萨的外婆经常从丹麦来看她,全家人就只讲丹麦语。后来爸爸妈妈也经常带丽萨去丹麦度假,为丽萨提供了许多讲丹麦语的语言环境。通常情况下,丽萨刚到丹麦的前两三周仍继续讲英语,但慢慢就会转为丹麦语,而且她从来没有将两种语言混在一起。

丽萨的弟弟伊恩最初有些不愿学习丹麦语。爸爸回忆伊恩3岁的时候,全家人回丹麦探亲。家里许多亲戚来接他们,其中包括一个同伊恩差不多大的表亲。两个小男孩坐在车后面一直聊,尽管两个人都使用自己的语言,彼此却能完全理解对方的意思。这让大人们觉得十分奇怪,过于专注听两个小家伙说话以至于差一点出车祸。

伊恩5岁以前都不愿讲丹麦语。父母觉得这跟他们对伊恩的鼓励太少有关:他们觉得对女儿的教育过于严格,因此相对放松了对伊恩的要求。他们没有强迫伊恩说丹麦语,认为总有一天他自己就会喜欢说丹麦语。6岁时伊恩去海边度假,在那里他遇到了一些讲丹麦语的小朋友。伊恩在同小朋友玩的同时开始讲丹麦语。

现在丽萨12岁、伊恩9岁。丽萨的丹麦语已经非常流利,妈妈说她只是偶尔会把单词的重音读错,但不影响她说地道的丹麦语。丽萨阅读丹麦语书籍没有任何困难,但她更喜欢读英语书。在写作方面,丽萨仍有一些问题,需要家长的指导。目前,丽萨很高兴自己拥有双语能力。同时,她又到了另一个阶段:不希望自己跟朋友们有区别,尤其当妈妈在朋友面前跟她说丹麦语时,她会觉得很难堪。

伊恩还没有达到姐姐这个阶段。目前他能够流利地使用丹麦语交谈,而且很高兴自己能够使用两种语言。当丹麦表哥来英国看他,和他一起去学校,为表哥当翻译让伊恩觉得特别骄傲,而且当他们同邻居小朋友一起玩儿时,整个小区里就像是来了一群北欧小海盗。我们无法评测伊恩的丹麦语阅读能力,因为他只读一些简短、容易的故事书。

伊恩和丽萨经常听丹麦语磁带,所以在听丹麦语广播时,他们可以轻松掌握广播的内容。现在他们意识到爸爸的丹麦语水平一般,还存在一些根深蒂固的错误。爸爸自己却说他可以理解简单的问题,但开口讲话时只能先考虑英语再翻译成丹麦语。他可以读懂报纸上的新闻要点,但或许会忽略具体的细节。在听力方面,他觉得广播中的丹麦语太快了。但有时爸爸还可以处理一些可预见的复杂问题,比如打电话约时间见面。

尽管一家人在丹麦度假时丈夫会对孩子们说丹麦语,但贝格媞从来不担心丈夫有限的丹麦语会对孩子造成影响,因为孩子已经接触了足够多的标准丹麦语。跟孩子讲丹麦语的时候,奈杰尔经常会发现孩子们会"瞪着眼睛",仿佛在说"爸爸说错了"。即便如此,奈杰尔觉得没必要为了孩子刻意正确使用丹麦语。即便有时在丹麦会遭遇语言困境,他觉得自己掌握的丹麦语已经够用了,而且并不觉得自己的丹麦语会影响孩子的语言发展。

夫妇俩都认为,孩子双语能力培养的关键在于家长希望孩子使用两种语言,这需要通过每一位家庭成员的努力才能实现。他们必须支持双语能力培养。他们也看到许多夫妇最终放弃在家里使用丹麦语,要么因为爸爸不愿学习丹麦语,要么因为阻止妈妈使用丹麦语与孩子交流,最终导致丹麦语"无用"。贝格媞和奈杰尔认为关于语言是否"有用"的争论本身就是误导。无论学习哪种语言,家长不应阻止孩子们与关爱他们的人之间的联系,而且这对孩子的认知能力及情感发展至关重要。

案例15:语言体现了信仰和社会属性

1974年娜伊玛和伊韩德婚后不久就来到法国,他们的三个孩子都出生在法国:雯德蒂(8岁半)、赛罕美(6岁)和索菲恩(3岁半)。娜伊玛是摩洛哥人而伊韩德是阿尔及利亚人。两个国家的紧张关系给他们的生活带来不少麻烦。夫妇俩不能一起到对方的国家探望亲属。

或许正是出于这个原因,夫妇俩都十分热衷阿拉伯社团。两个人的不同之处更多体现在宗教和文化上,而不是政治方面。出于信仰的缘故,娜伊玛坚持培养孩子的双语能力:"他们必须读懂古兰经。"另一个类似的理由是,如果不会讲阿拉伯语,就会被排挤在阿拉伯世界之外:"只有讲阿拉伯语才能证明真正的自己。"此外还有两个原因,虽然不是最根本的原因,但也非常现实:每年回家探亲时可以与亲友交谈;如果一旦政府要求伊韩德回国工作,全家人要为在阿尔及利亚生活做好准备。

孩子的双语能力培养过程还算比较顺利。但由于他们都是阿拉伯语单语者,一开始他们没有考虑具体的培养方案,而且到了法国之后也没有任何实用的办法。这让他们觉得有些意外。幸好他们周围有许多讲阿拉伯语的朋友和同事,他们有许多培养孩子双语能力的丰富经验。夫妇俩从朋友和同事那里得到的建议,在家尽量同孩子讲阿拉伯语。在这种建议的指导下,他们取得了令人满意的效果。

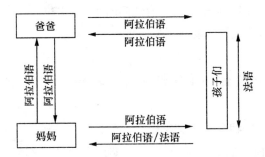

某天,当雯德蒂在学校讲阿拉伯语时,突然发现自己成为另一个同年级的、极端种族主义同学的攻击对象。雯德蒂感到十分困惑,回到家后伤心地对妈妈说:"妈妈,我再也不想说阿拉伯语了。"娜伊玛也很震惊,从此之后不再严格要求孩子们在家说阿拉伯语。现在回想起来,她觉得自己犯了个大错误。尽管大家很快忘记了那次不愉快的经历,但已经造成了不良后果——孩子们认为他们可以同妈妈讲法语,而且彼此之间也使用法语交流。然而,爸爸仍然坚持原则,如果哪个孩子跟他讲法语,他就假装没听见或听不懂。经常有一些讲阿拉伯语的朋友到家里做客,他们之间从不讲法语。

3个孩子都是双语者,但各自双语的程度不同。在3个孩子中,雯德蒂学习法语最快最轻松,但略微带有口音。目前,她刚开始学习写阿拉伯语。上一次跟父母回摩洛哥时,她在短时间内几乎完全忘了法语,但回来后又很快恢复了。赛罕美跟雯德蒂的情况差不多,但没有她那么明显。两个女孩对自己的双语能力很感兴趣,经常跟妈妈探讨,他们都觉得双语能力"十分有趣"。他们从不掩饰自己的双语能力,父母也经常教育他们要以身为阿拉伯人而感到骄傲。有时他们会将一些法语词混入阿拉伯语,但从没把阿拉伯语词汇混入法语。孩子们的学习成绩都很优秀。他们已经开始学习德语并表现出非凡的才华。

他们的小弟弟索菲恩在 3 岁半的时候已经同姐姐们一样活泼、善谈。虽然妈妈说很难判断哪种语言索菲恩掌握的最好,她仍然希望法语可以略胜一筹。在目睹了女儿们的成功经历后,她并不担心小儿子的语言能力发展。尽管孩子们的法语并不完美,但她相信他们会不断提高。

这个案例十分清晰地向我们展示了:对待语言的积极态度是成功培养双语能力的关键因素。娜伊玛和伊韩德尊敬、崇拜自己本民族语言和文化,必然对孩子产生了影响。目前居住在法国的北非移民社区里,大部分家庭都存在语言培养方面的难题。

案例16:双语能力——更美好的生活

在本书中,我们曾经对比过"平民"双语和"精英"双语之间的差异。"平民"双语用来形容由于大规模移民或历史变迁而造成的双语现象;而"精英"双语则更加个体化、多样化,而且数量也较少。尽管这种解释很有效,但对于下面的案例来说就过于简单了。路易莎和帕波罗家就经历了从平民双语向精英双语的转换。他们的例子证明双语现象在社会变迁中起到非常重要的作用。

1964 年帕波罗从西班牙移民到法国,他是个文盲而且也不会讲法语。帕波罗来法国前一个月才接到移民局的通知,因此根本来不及做任何准备。刚到法国时,他只能依靠手语与当地人交流。他发现学习法语对于他来说又慢又难,每天只能跟在钢厂工作的工友和邻居们学一些日常用语。第二年,妻子路易莎来法国与他团聚。帕波罗在听孩子们每天学法语的时发觉,自己的语言能力有所提高(两个孩子,一个7岁、一个3岁半)。现在他在阅读、口语及理解方面都可以轻松地使用法语和西班牙语。他的西班牙语写作能力也很好,只是法语的写作能力强差人意。

在家里,帕波罗和路易莎总会使用西班牙语与孩子交流。这也说明了为什么路易莎的法语水平很低。身为家庭主妇,她没有与外界语言环境接触的机会。她觉得学习第二语言很难,但会欣喜地发现孩子们都会讲两种语言,这让她感到很骄傲。不过,大儿子赛博斯汀一家让她有些失望。赛博斯汀的太太是法国人,夫妇俩只要求孩子讲法语。赛博斯汀是位技能娴熟的技师,而且并不打算回西班牙工作,因此没有培养孩子双语能力的意识。然而,在5个兄弟姐妹中,只有赛博斯汀接受过正规西班牙语培训。之前帕波罗听从朋友建议,在赛博斯汀来法国之前让他参加了西班牙语函授课程。

一家人通过以下几种方式接触西班牙语:听广播、看月刊、与邻居聊天,但最重要的是每年的探亲假期。孩子们与亲友交流没有任何问题,这让他们的妈妈觉得很"西班牙化"。尽管帕波罗丝毫没有变得"法国化",西班牙亲友还会拉着他的腿,叫他"法国佬"。不管怎样,帕波罗和路易莎都认为,即便不必要求孩子掌握双语能力,学习两种不同的文化对了解不同国家总是有帮助的。

3个在法国出生的孩子,在家里学习西班牙语。直到他们4岁后开始上幼儿园,才接触法语。现在,这些孩子交谈时只用法语,甚至在家也是如此。上小学和中学时，没人注意到他们的双语能力，以至于他们怀疑老师也没有注意到。二儿子约瑟现在读大学，三儿子弗朗西斯科刚刚完成高中毕业会考，接下来是小儿子曼纽尔。妹妹特里娜达今年18岁，还没有决定今后要做什么工作。

当问及他们作为双语者的感受时，4位年轻人都表示"没什么好说的"。但随后他们又介绍了许多细节。大家一致认为弗朗西斯科和曼纽尔混淆两种语言的情况比较明显，他们讲西班牙语时经常带有法语词汇，但反之则不然。相反，特里娜达却从来不混淆两种语言，男孩们都说这要归功于她经常帮妈妈做教务。特里娜达也最主张双语能力，认为掌握两种语言使她觉得自己比只会西班牙语的姑娘们更有优势。

下图是一家人交流时的语言模式：

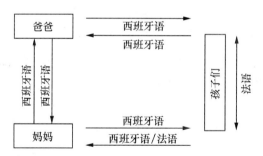

我们要感谢弗洛伦斯·庞瑟特以及约瑟·盖瑟亚，在他们的大力协助下我们才能顺利完成案例16的调查。

案例17：单亲家庭，两种语言

10年前,爱丽丝在姐姐的劝说下从菲律宾来到法国,希望在法国找到工作。然而,即便她拥有基础教育学士学位,但由于她不是欧洲公民,法语又很差,她找不到教师工作。因此,爱丽丝只能靠给人看孩子、做家政服务员来维持生计。她的雇主大多是"国际家庭",也就是那些在欧洲公司或总部设在布鲁塞尔的跨国公司里的雇员。比如,我们采访她时,她的雇主包括一个丹麦家庭、一个荷兰家庭以及一个法国/英国家庭。由于受过良好的教育,爱丽丝通常都会和雇主及他们的孩子用英语交流。但她的母语是比科尔语,这种语言在她的家乡那牙地区使用,她的国语是塔加路语。

爱丽丝到达布鲁塞尔不久便遇到了一位菲律宾商人,两人相爱而且生育了一个儿子——阿尔文。但这段感情以失败而告终。阿尔文出生不久,爸爸就去美国工作了。

一位医生告诫爱丽丝,与孩子交流时只能选用一种语言。爱丽丝采纳了这一建议,并且决定选择塔加路语作为唯一与孩子沟通的工具,因为塔加路语在她的母语中用途最广:在布鲁塞尔,菲律宾社团经常在教堂周围举办丰富多彩的活动,而塔加路语在菲律宾社团中广泛使用。阿尔文的塔加路语带有法语口音,尽管有时会出错,但当妈妈带他回菲律宾度假时,他表现得不错。尽管爱丽丝从来没有跟阿尔文提过比科尔语,他仍然可以听懂一些。从3个月大起,阿尔文就去了托儿所,法语便成为他的母语。现在阿尔文快9岁了,他表示自己非常喜欢学习其他语言,并且能够轻松地融入英语谈话。去年在美国,阿尔文第一次与自己的生父见面。他们主要使用法语交流,并穿插少量英语。1年之后,我们很难分析出那次会面选择法语交流的原因是什么。

最终爱丽丝获得了法国永久居留权,她所服务的一个家庭还为她安排了法语课程。这些都让爱丽丝对未来充满希望。在阿尔文生父的资助下,爱丽丝为阿尔文提供了良好的教育环境。

这个案例体现了第四章中第三种家庭模式的修改版。它揭示着生长在单亲家庭里的孩子,完全有可能培养其双语能力——尽管在某种程度上保持双语能力的难度较大。但只要坚持使用家庭用语和外界用语,这种目标就一定会实现。

案例18:"重组家庭"中的双语

法国人玛丽在参加专家考察团到古巴访问时,与曼纽尔相识。两人经过3年的交往最终于圣诞节在古巴结婚。玛丽在法国有一份稳定的工作,而曼纽尔是位计算机专家,对古巴的生活很不满,两人决定婚后同大卫(曼纽尔与前妻所生的儿子)一起在法国定居。

尽管两国政府之间的协商过程既漫长又复杂,但最终他们还是实现了一家人团聚。那时,玛丽和曼纽尔已经开始学习彼此的语言。但当时只有13岁的大卫却不会讲法语。3个人都会英语:玛丽的水平最高,因为她拥有英语教师资格;曼纽尔出于专业需要也掌握了一些英语;而大卫在学校曾经学过两年英语。

从这个家庭刚组建时,全家人就十分清楚他们将会成为双语家庭。所有人对待这个问题都很随意,而且经常探讨如何安排家庭成员之间的语言交流模式。玛丽承认自己在这方面有些"强势",因为她认为夫妇俩必须充分掌握对方的语言。与此同时,她也担心如果她与曼纽尔讲法语而同大卫将西班牙语,就会将大卫"孤立"在家庭成员之外。因此,他们寻找许多方式,希望能够找到3个人都可以学习和掌握的两种语言。在尝试过许多办法之后,最

打造双语家庭

终的交流模式为:玛丽与曼纽尔讲法语,曼纽尔用西班牙语作答;但当3个人在一起时(比如吃饭时间)他们用西班牙语交流。

曼纽尔经常用西班牙语同大卫交流,尽管有时大卫会用法语作答(比如谈论学校的事情),曼纽尔也会试着让儿子用西班牙语再重复一遍。目前玛丽与大卫主要通过法语交流,但在大卫刚开始学习法语时,他总用西班牙语回应。因此这两种语言发展比较均衡。在遇到表述困难时,玛丽鼓励他使用西班牙语。这样做的目的是避免使大卫觉得没办法与他们沟通。

这里需要强调的是,这种交流模式的安排并不是一成不变的。有时,谈话的发起者就会选择谈话语言,其他人只是跟从。有时,话题决定语言选择:当谈论古巴或某些亲密话题时,玛丽和曼纽尔就会讲西班牙语。当曼纽尔去当地学校上课之前,他们之间就会用法语交流,这样曼纽尔就会很快进步。一旦课程开始,曼纽尔完全处在一个法语环境中,夫妇俩又开始用西班牙语交流。

在我们写调查报告时,大卫来法国已经有1岁3个月了。尽管玛丽注意到大卫有时会误判单词模式或表达方式,但他的法语说得很好,而且进步很快。比如,他可以从当地网球俱乐部里学会一些通俗表达法。他从来没抱怨过自己必须要学法语;事实上,他喜欢别人夸奖他有进步。与此同时,他也会表明自己来自古巴,要么穿一件带有古巴字样的T恤衫,要么在学校与同学讨论时提及。他通过看电影、看西班牙语电视以及每周给妈妈写信的方式保持自己的西班牙语。夫妇俩遇到的唯一问题,就是向学校解释他为什么不选修西班牙语课,因为他想学德语。玛丽和曼纽尔非常支持他的做法,大卫已经十分熟练的掌握西班牙语,因此参加西班牙语课、做那些简单的语法练习对于他来说就是在浪费时间。然而,老师们却认为大卫参加西班牙语班学习会取得好成绩,夫妇俩的确费了不少力气来劝说老师。但对于大卫来说这些都无关紧要。他想学习德语,因为他在德国有朋友,而且他可以跟其他同学一起从基础阶段开始学习德语。

第三部分 单词解释

口音

　　双语儿童在能够完全区分两种语言之前,使用任何一种语言时都会带有一些奇怪的口音。特别是由于环境因素,当一种语言能力比另一种发展得快,比如孩子听德语的次数要比听英语多,那么她在讲英语时就会带有德语语音。家长对此大可放心。如果孩子能够充分地接触两种语言,不久她的读音就会非常标准。家长要尽量避免嘲笑或讽刺孩子的口音,即便是善意的批评也会使孩子感到很紧张和自卑。

　　家庭成员之间使用语言交流的模式并不十分清晰,但这个家庭的确培养了孩子的双语能力。家庭成员可以很好的控制自己的生活状态,因此,自信是双语现象成功的必要因素。

　　对于继时性双语儿童来说,如果能够一直接触双语环境,在12—14岁之前,他们的第二语言口音都会非常标准。大多数成年人在某些方面可以娴熟地运用第二语言,但他们的口音却并不地道。

　　家长们也要注意,对孩子的语言要求不要高于对自己的要求。总的来说,要尽量避免吹毛求疵,比如"你说话是不是经常带't'音?"或经常打断孩子进行更正。

年龄

　　培养孩子双语能力的最佳年龄一直是人们广泛争论的话题,结论也各不相同。人们在任何时候都可以培养双语能力,只是他

137

们所采取的方式不同、遇到的困难不同、最终的结果也会体现不同的特征(比如口语)。因此,与其说判定培养双语能力最佳年龄可以为家长在孩子教育方面提供了一些指导,还不如说它更多体现了调查者对理想双语状态的理解。

在双语家庭中,不存在培养双语能力最适当的年龄问题。家庭成员之间运用两种或多种语言进行交流的情况非常普遍,孩子会不由自主地掌握两种语言。有些家长试图控制孩子开始学习第二语言的年龄(因为他们认为从一开始就接触两种语言会使孩子混淆两种语言,对孩子智力发展不利),但往往得不到预期的效果。假如妈妈不跟孩子讲自己的语言,两年之后妈妈很难再恢复使用这种语言与孩子交流,而且孩子也会觉得学习新语言没有必要。如果祖父母或其他小伙伴都在使用那种"不合适"的语言,而父母却刻意阻止孩子与他们交往,人们通常会质疑父母的这种做法是否恰当。

对于继时性双语者来说,家长经常带着不同年龄的孩子到国外居住。他们遇到的主要难题是不同的教育体系对同年龄段孩子所设定的不同要求。教育体系的改变会引发双语教育问题。然而,这些都是制度上的要求,并非是客观的或理想的语言习得年龄。从这个角度看,似乎孩子年纪越小越好,因为年龄小的孩子出国,可以完全适应国外的教育体制。而对于年龄稍大的孩子来说,由于还要参加本国的考试,他们在国外要选择相应的课程。另一方面,青春期孩子懂得奋发图强,因此他们比年龄小的孩子能够更快熟练掌握第二语言。

不同的教育体制是把双刃剑,既有优势又有劣势。英国的孩子学习如何阅读的时间要比法国孩子早 1 年,所以在法国上小学一年级的英国孩子,如果他的法语水平与同学们相当,那么他的阅读能力就比较突出。反过来,相同年龄的法国孩子到了英国,阅读方面就比较困难。不过家长们请注意,问题的关键在于孩子的年龄与所接触的社会环境,特别是学校环境之间的密切联系。上学意味着孩子开始了新的社会生活,他必须适应新的人际关系以及除家庭以外的外部世界。因此,我们不难理解这种学习环境的改变(也导致语言方面的突然变化),会使孩子感到很痛苦。

由于每个家庭的情况都不相同,因此就这个问题我们无法为家长提供一套立竿见影、行之有效的解决办法。但是,如果孩子一定要在国外上学,家长应尽量考虑将他们安置在年龄相同的班级里。如果孩子不愿与比他年纪小的同学交往,他就会表现出轻蔑和冷淡并将语言问题隐藏起来,最终导致孩子被逐渐孤立,不喜欢上学。

最后,提前帮助孩子做好准备、适应这种变化是非常重要的,而这要通过全家人共同努力。如果之前没有机会经常去目标国家,那么尽量使孩子熟悉这个国家的生活习惯和语言,效果就越好,而且还可以通过交当地的朋友,来培养对这个国家的亲切感。

无论多大年纪,对于突然面对新的学习环境、不会讲当地语言的孩子来说,他们都需要一段适应期,时间大约为6个月至1岁。这与父母的适应时间差不多。

"从适应到习得"的过程并不一帆风顺,经常会遇到一些问题,比如受打击、沉默、失望、痛苦、思乡等等。然而,当孩子们发现他们的进步要比父母快得多、他们的发音十分标准时,这些烦恼也就不算什么了。

天赋

许多家长在比较第一个孩子和第二个孩子语言能力发展时（或者与同年龄段的孩子相比），总会想到天赋这个概念。比如，如果年龄大的孩子毫不费力地将两种语言区分开，而年龄小的孩子总是混淆，两个人之间的差异就非常明显。那么在双语能力培养方面，是不是有些人比别人更有天分呢？

总体来说，关于这方面的研究没有结论。心理学家发现不可能给"语言天赋"下定义，这只能靠人们在不同阶段所展示出的特点来辨别。主要特征为区分语音的能力、联系语音与语言符号的能力、语法敏感度或根据语言数据直接解释语法关系的能力以及记住说话内容的能力。

然而，有人认为所有人都具有掌握语言的能力，这种观点与语言天赋概念并不冲突。人们对第一语言的掌握程度也各不相同，对于第二语言来说更是如此。在第二语言认知过程中，人类一般的认知技能与特殊的掌握能力都在发挥作用。然而，这种天赋观点彻底忽略了语言习得过程中交流与社会因素，而这些却是双语能力培养的关键。

最近，关于双语儿童的研究报告都表明，没有父母帮助的状态下，双语儿童在语言习得方面的认知能力要远远超过单语儿童，比如他们能够辨别出小时候所见过的单词。

然而，这并不意味着双语儿童在语言方面比单语儿童有天赋。这只是说明，与单语儿童相比，双语儿童在掌握语言时的表现。事实上，这仅仅是暂时性的优势，根本不能预测最终的结果。

我们经常告诫家长不要着急,在判断孩子是否具有双语能力前,先要考虑实际应用的语言以及孩子参与互动的环境。相关的问题包括:关于两种语言,孩子能够直接参与的互动有多少?孩子前往第二语言国家的频率是多少?孩子拥有多少年龄相同、语言相通的朋友?孩子的其他性格特征是什么?她是否擅长非语言类交流?

其次,家长要记住双语能力之间的相互依赖,每个孩子语言能力发展的速度都不相同。家长不要坚持某种家庭观念,认为孩子在学习语言方面没有天赋。孩子在学习语言的过程中需要家长的肯定和关注,如果否定孩子的能力就会使他们的自信心受到打击。

儿语

"儿语"——有些词的特殊用法,比如"盆盆"、"小马驹"、"小甜心",这些词体现了说话人的风格,对孩子的语言习得没有影响。

另一方面,家长对孩子讲话的方式非常重要。早在孩子牙牙学语之前,全世界的妈妈、爸爸甚至保姆在与孩子说话时,都会本能地改变其原有的说话方式。而这些独特的说话方式在潜移默化地影响着孩子的语言能力发展。有些典型方式(如高声、夸张的语调以及经常出现的问句)都在帮助孩子形成"有问有答"的交流技能。孩子在2岁左右就可以掌握这些技能,而且成为以后语言习得的基础。家长还要注意的是,并不是只有妈妈才掌握这种谈话技能。任何人(包括稍微大一些的孩子)在与孩子交流时,都会自然而然地以相同的方式改变自己的讲话风格。

在一个双语家庭里,父母之间、父母与保姆之间要均衡分配与孩子交流的时间,才能有效地确保孩子掌握两种语言。

双语阅读能力

培养双语儿童使用两种语言进行阅读的能力主要出于以下几个原因:

"文化继承":使用第二语言进行阅读,可以让孩子充分地与第二语言世界接触。孩子在阅读书籍时,会对书中的人物产生浓厚的兴趣,随之慢慢培养双语文化。尽管市面上的儿童读物大多趋于"国际化",但许多儿童故事的翻译却差强人意。

"语言发展":阅读能够让孩子接触到不同的语言风格。特别是当双语家庭独自生活在另一个语言社会,阅读是确保孩子接触本国语言的最好办法,而且不会受到家庭内部以及外界交流模式的限制。

"认知能力培养":孩子们使用书面文字描述自己的经历。双语儿童的经历比较复杂,与单语儿童相比,他们更需要使用不同的语言工具。使用两种语言进行阅读,对培养双语儿童的高水平认知能力有很大帮助。

"语言保持":每个双语儿童都会不可避免地接触到不同的语言环境。因此,当孩子处于一种语言环境中,双语阅读是帮助孩子主动保持另一种语言的最佳办法。而且,当孩子可以独立阅读时,她会主动选择阅读的内容。但这并不意味着家长不能控制孩子所阅读的书籍。孩子或许会花几个小时,阅读你并不感兴趣的内容。当你发现7岁的孩子用自己不太熟练的语言,描述一种你从未听说过的昆虫的生殖周期,你就会感到无比的欣慰。孩子自己的求知欲和兴趣也是推动语言发展的强大动力。

培养孩子双语阅读能力与培养孩子阅读复杂内容的能力很相似。如果家长每天都给孩子讲故事,最好遵守一个固定的模式(爸爸妈妈交替讲故事)。根据语言种类,将不同的书分类摆放在书架上,也是个有效的办法。讲故事时,家长要让孩子了解故事上下文的内容,尤其是当孩子在学校开始学习另一种语言时。家长很快就会发现,孩子开始注意两种语言之间的明显差别。比如 5 岁的菲利普开始在学校学英语。当妈妈在用法语给他讲故事时,他对妈妈说:"你说的单词结尾都没有't'音,很好玩儿"。

儿童的书籍和杂志都很贵。因此,如果你周围也有双语家庭,特别是在孩子开始喜欢阅读、阅读需求量很大时,两家人不妨共同建立一个小型图书馆以节省花销。但在阅读早期,最好还是为孩子建立一个他自己喜欢的迷你阅览室。

语言代码转换

在所有涉及双语现象的问题中,语言代码转换是外界最关注的问题。然而对于生活在双语环境中的孩子(无论是"一位家长、一种语言"环境,还是"家庭用语、外界用语"环境),这根本不算什么问题。比如,妈妈(讲法语)到幼儿园接 3 岁半的爱玛,爱玛正在教室里玩儿,看见妈妈说:"妈妈好"(法语),然后转向老师说:"我要走了,明天见"(英语)。从这个例子中我们可以看出,语码转换现象反映出孩子能够使用两种语言进行交流,而且孩子从小就可以根据环境与说话对象选择语言。

有趣的是,双语孩子很小就意识到,在双语环境中他们可以通

打造双语家庭

过语码转换进行交流。下面的例子中,爱玛一家住在英国,家庭用语是法语。有一天,爱玛在厨房里骑单车:

> 爸爸:爱玛,别在厨房骑单车。(法语)
> 爱玛:不。(法语)
> 爸爸:我说了,别在厨房骑单车。(英语)
> 爱玛:(从单车上下来,跑到妈妈怀里)爸爸讲英语。(英语)

掌握了这些交流技能之后,双语儿童还会更加巧妙地使用这些语言资源,比如,在表达请求、向说话对象表示亲密或冷淡、希望加入或摆脱某个群体。

再有,孩子会根据周围的环境来设定自己语码转换的方式,因此家长要特别注意年龄小的孩子。在谈话中进行语码转换,需要说话者熟练掌握两种语言,而两种语言的语法结构也必须"相同"。比如,说话者想随意地从英语转为法语,相同的语法结构为:"我把玩具给保罗了"(英语和法语的表达语序相同)而不是"我给保罗玩具"。从长远的角度来看,如果大量使用语码转换技能,双语儿童会从语法方面区分两种语言,并且会倾向使用比较喜欢的语法结构。

如果经常使用语码转换,家长必须要注意。因为语码转换是一项非常微妙的双重语言游戏。转换过程中,两种语言之间的共性显现出来,由此降低了孩子学习语言的难度;但与此同时,两种语言之间的差异被弱化了,这又提高了语言学习的难度。因此,即便孩子与单语人群全面接触,家长也不必担心这种接触会限制孩子语言能力发展。

色彩

不同的语言能够分割出不同的视觉光谱,比如

语言1	1	2	3	4	5	6	
语言2	1	2	3	4	5	6	7

表中显示,两种语言颜色名称之间缺乏明显的连贯型。我们在描述某种事物的颜色时,只是将它放入最接近的格中。即便我们将某种事物归为语言1的空格2,它在语言2中可能会被归为空格1中。

在欧洲,人们很少强调颜色名称之间的差别,或者并不像表格所表示的那样复杂。如果家长们发现孩子将"浅蓝"描绘成"绿色",或将"橘黄"说成"黄色",也不必大惊小怪。所有孩子掌握颜色时都会遇到困难,因为这些名词太武断了。色彩之间没有"自然的"分界点。即便两个母语相同的人,在描述同一颜色时也会有不同的意见。双语儿童掌握颜色需要付出额外的努力,但对于他们来说似乎并不困难。尽管学者们对颜色已经进行了全面的研究,但至今还没有任何侧重于对双语者掌握两种颜色体系的研究成果。

更正

更正并不能帮助人们学习语言。关于这个观点,许多人特别

是老师们持强烈的反对意见。这里所提到的"更正"只是针对语言学习者出现的语法错误,使其重复正确的表达模式。因此,双语儿童的家长没有必要总是对孩子吹毛求疵。实际上,这种做法会产生副作用:这样做不仅打断了正常的交流,而且会打击孩子使用语言的积极性。假设,如果一个人开口说话就会被别人批评指正,他肯定不愿再说,而且书中也曾介绍过,犯错误是语言学习过程的重要组成部分。

帮助孩子学习第一或第二语言的最佳方法,就是为他们提供丰富的、多样的语言交流机会,让他们最大限度的接触、运用语言。家长要多与孩子们交谈、互动,与他们一起做游戏、读书、唱歌、做饭、种花,在互动的过程中为他们树立榜样。孩子得到的语言信息量越大、质量越高,你就无需更正他们的话。不知不觉地,你就会使用一些改进的方法,为孩子们提供大量的模仿榜样,帮助他们学习语言。

最后,有两点需要注意:第一,不要对孩子讲语法大道理,比如"不要把介词当做句子的结尾"。孩子自己能够体会到这一点,并不需要家长的提醒。第二,大家都应该知道——家长不该为语言上的错误来惩罚孩子。

数数

数数是智力发展中的一项基本技能,家长们都很重视。这种技能也容易鉴别,人们可以观察并研究这项技能的发展规律及细节。

虽然每个孩子的发展情况不同,但大多数孩子在 4—5 岁时就可以掌握数数技能。

有经验的家长和老师都知道,数数技能基本上分为两种类型:

1)像鹦鹉学舌一样按顺序从 1 数到 10;

2)在按顺序数数的基础上,描述出事物的具体数量;

换句话说,孩子或许知道数字,但并不是所有孩子都能够准确地说出事物的数量。

双语儿童的数字能力发展非常有趣,他们需要掌握每种语言的数数能力(类型 1),但只需要学习一种语言的数字表达能力(类型 2)。这是因为使用不同语言来表达数字的能力基本相同,而且可以进行转换(这一理论适用于十进制相同的欧洲国家,但如果两种语言使用不同的数字体系,情况就不同了。不过目前还没有关于这方面的任何研究)。这种现象也可归纳为:双语儿童通过学习一种语言,就可以掌握某种智力技能。根据实际需要,这种技能也同样适用于另一种语言。如果孩子同时学习两种语言,我们通常无法察觉智力技能在两种语言中的转换过程。有时,这种转换非常神奇:比如,据老师反映,有些孩子在家里学会使用一种语言数数,第二天到学校他们就能用另一种语言来数数。这种现象表明,培养孩子的母语将有助于他的第二语言以及认知能力的发展。

有些双语者喜欢专门使用某一种语言来数数,但这并不代表这种语言就是他们"最好的"、"真正的"或者"主要的"交流用语。可能碰巧他们习惯使用这种语言或由钞票种类来决定(数法郎的时候当然用法语了)。有些双语者也会继续使用谈话中所用的语言来数数。

还有一些与数字相关的表达技能,比如说出时间、日期、星期等。大部分的时间和日期的表达方式可以在两种语言之间进行转换，但是我们也会发现，星期的表达法在某些情况下不能转换。虽然还没有具体的统计数据来证明这一观点，但我们可以设想：简单的数字"1"、"2"、"3"适用于所有事物，但"星期一"、"星期二"、"星期三"却只能用来表示星期概念。以一位生活在法国的法语/英语双语儿童为例，"星期三"为学校休息日，但只能用"Mercredi"来表示，而不能用英语"Wednesday"。对双语儿童来说，这就是他在法国生活的独特经历，因为英国的教育系统中"星期三"不是休息日。

字典

字典对玩游戏和做活动都非常有帮助，而且孩子在开始学习阅读前就可以使用字典。

针对不同的语言，家长应该使用不同的图文字典。所谓的"双语"图文字典在描述两种语言差异时带有明显的缺陷，因为针对两种语言中词义相近的单词，这些字典只会搭配一副图解。而实际上，同时拥有两种表达方式的事物，只占双语词汇中的一小部分。首先，在现实生活中，有些单词所指代的事物并不相同（比如法国面包和英国面包，两种面包完全不同），所以，这些字典里所提供的解释及图解不能准确地描述现实；其次，相同含义的单词在不同语言中的表达方式也不同（比如法语中的 Thé 与英语中的 tea，两个单词都表示"茶"）。

正如我们之前所提到的，双语儿童很早就知道词汇在不同语言中具有"任意性"（玫瑰易名，馨香如故），这一点要比单语儿童早。而且在使用一种语言时，他们必须能够区分这些词汇在另一种语言中的含义。因此,孩子刚开始学习阅读时,家长最好使用单语图文字典。

医生——另类"专家"

我们有许多好朋友都是医生,因此下面所谈论的内容和方式我们还是要谨慎一些。但无论我们谈什么,大家都会认同这个不争的事实:无论是医生、护士、社会医护工作人员乃至心理医生、语言临床学家都没有接受过关于双语现象的培训。也就是说,向一位医生咨询双语问题就像向他咨询汽车修理问题一样,毫无意义。

当然,或许有些医生恰巧了解双语现象,但由于他的专业类别,他对双语知识的了解非常有限。简单讲,如果你想了解双语现象及双语家庭,最好直接询问**双语者**而且要接受不同的意见。如果你不认识双语者,但还想多了解双语家庭的情况,我们希望这本书会为你指出一个正确的方向。如果想全面地了解双语情况,最好的办法就是接触其他的双语家庭,因为他们经历过或正在面临与你类似的问题。

也许读者们会觉得上面对医生的评价不太公平,特别是本书中也曾提到过医生给出了一些合理性建议、鼓励并支持家庭培养孩子双语能力(案例3),但据我们了解,还有许多相反的案例,这些案例使我们不能忽视医生对双语能力培养的影响。除少数持有偏见的医生反对培养双语能力外,我们会试图站在医生的角度考虑,当他面对陌生的专业问题时如何反应。他必须给出一些建议,但这些建议一定是保守的、安全的,也就是说,他通常会暗示家长应该只专注培养一种语言。

那么,什么样的人才有资格为双语家庭提供建议呢?我们列举了一些最基本的要求:

1) 有常识;
2) 相关的个人经历;
3) 关于双语家庭的基础知识;
4) 对某一家庭十分了解;

其中,第四条体现了当组建双语家庭出现问题时,唯一能够想出解决办法的是家长本人。因为只有家长最了解家庭背景、家庭成员之间的关系、每个人的兴趣、品味、性格、人生目标及未来打算,而这些问题对于外界专家来说都望尘莫及。即便是专业的双语专家也无能为力,因为许多家庭因素都是非语言性的。语言专家只能给你一些指导性的建议(第三条所体现的)。他们不能决定什么样的居住环境最适合你及家人。做决定的只有你自己,以及我们所关心的孩子们。

梦境

本书的主题并不是分析心理问题,我们只初浅地谈一谈关于梦境的一两个方面。首先,我们先否定一种普遍看法——"梦境中的语言才是你所掌握的语言"。尽管这种观点毫无害处,但它并不正确,而且还会导致人们对双语性质的错误理解。

事实上,如果你问双语者做梦时会使用哪种语言,他们几乎都不能给出明确的答案。大多数人会说:"那可不一定。"如果要问语言选择会受到哪些因素的影响,他们给出的答案中,有些比较清晰:比如"谈话的对象、谈论的内容"。有些答案相对模糊:"取决于我在哪儿做梦:在西班牙,做梦时就用西班牙语;在德国就用德语。"

评估梦境对语言能力的影响相当困难,而对于孩子来说问题就更为复杂。即便我们相信梦境的作用,但如果用普遍的观点来解释个别问题,还是会引起人们的质疑。比如,一个双语儿童(英语/法语)生活在法国,她在家里从不说法语。但据父母讲,他经常梦见用法语同弟弟妹妹们说话;另一方面,许多报告显示,无论是成人还是孩子,都会梦到自己刚刚接触的语言。这些证据都使我们很难接受"梦境语言—真正语言"的假设。当然,梦境也反映出人们希望实践的愿望,尽管人们在梦境中的语言水平表现良莠不齐,但这并不是问题的关键。只能说明现实的状态比假设要复杂得多。这个观点也同样适用于正在学习第二或第三语言的人们。对于他们来说,新掌握的语言处于大脑皮层表面,更容易在梦境中反应出来。比如,有一位小男孩刚刚开始在法国上幼儿园。有一天凌晨他把父母吵醒了。当父母来到他床边时,他问到:"'勺子'用法语怎么说呀?"父母告诉他是"cuillere"之后,他笑了并且很快又睡着了。

我们并不想继续深入讨论这个话题。目前关于梦境对双语的影响没有任何研究支持,所以我们所能列举的都仅仅是传闻和猜测。与此同时,我们毫不相信某些"与单语孩子相比,双语孩子会经常做噩梦"这样的观点。我们认为双语孩子与单语孩子都是一样的。唯一困扰双语孩子成长的因素来自家庭的搬迁,因为他们要面对新的生活环境、新的学校以及新的朋友。这些因素都让孩子感到难过。但将所有责任归结于语言,根本不符合逻辑。特别是我们还看到许多孩子快乐地学习第二语言,而且还能够运用第二语言解决问题(比如交新朋友)。

手语——普遍的非语言性沟通

在最近10年里,市面上发行了许多关于"肢体语言"方面的书籍,这些书使公众意识到沟通不仅仅局限于文字。我们通过整个身体与人沟通,比如手势、姿势、面部表情、眼神沟通以及与人交谈时的距离,这些因素都非常重要。研究结果表明,所有这些非语言类沟通方式不是"先天形成"或"普遍一样的"。人们必须通过学习来掌握所有非语言性沟通行为,而且各种行为也会因文化不同而不同。

有人认为,如果一个人掌握两种语言,那么他也同时掌握两套非语言性行为。众多观察者坚信这一假设。最著名的例证为拉加迪亚(意大利人),他是20世纪40年代美国纽约市市长(Efron,1972)。除被专家记载外,这个例子广泛流传的另一原因是,例子中所涉及的人是公众人物。当拉加迪亚讲意大利语时,他说话的节奏及肌肉运动都会改变。他会更多地配有手及臂的动作,而且许多动作是他在用英语表达时根本不使用的。

我们很容易就会发现,双语孩子身上清晰地体现了两种不同的非语言行为。就连粗心的祖父都会惊讶地发现,当孙女(英语/法语)讲法语时,简直就像个法国人:她的手语使用更为频繁、速度更快、简练但有些拘束,她的声调也升高了,而且所有的行为举止更像法国人,而不像英国人。

另一方面,拥有两套不同的非语言行为并不会让双语者感到不适。事实上,许多双语者都只有一套非语言交流方式。问题是我们对这些非语言行为因素知之甚少。甚至家中一起长大的孩子也会养成不同的交流方式。

大多数双语者在使用手语时,似乎没有任何问题。有些手势非常传统、所表达的含义也非常清楚,很容易被人理解和复制。比如英语中人们用"竖起大拇指"表示赞许,"食指和中指"表示胜利,用手指点自己的太阳穴表示感觉某个人精神不正常。这些行为表达含义非常明晰,人们在使用时很容易控制。但有些非语言行为不太容易被人们控制,比如坐姿、谈话方式或情感表达等。这些都会"暴露"双语者的社会属性。但这无伤大雅,暴露自己的社会属性也是大胆沟通的表现方式之一。只是由于文化不同,双语者通过肢体语言传达了错误的信息,从而导致沟通上的误会。

然而,我们必须保持公正:两位不同语言的单语者交流时所产生的非语言性误会比双语者还要多。毫无疑问,双语者解决这些误会的能力更强。人们(特别是年轻人)可以毫无意识地快速掌握非语言性沟通。几年前本书的一位作者曾尝试过一个实验,他观察一组到法国交流的英国学生的表现。6—7周之后,这些学生在说话时都会使用法语的非语言性沟通方式,即便他们在说英语时也是如此。

最后,值得提一句的是,我们采访的所有双语者都认为,他们在使用非语言性沟通方法时没有任何问题。而且有些人觉得这个主题非常有趣,所以在谈到手语时,他们还不由自主地当场表现。当然,我们的研究仅局限于欧洲或西方国家。如果我们的研究中涉及日本或阿拉伯世界,就会发现完全不同的行为模式。

因特网

因特网可以在许多方面为双语家庭的父母提供强有力的支持。其中最重要的一点是，借助电子邮件增加人与人沟通的机会，特别是使用"较弱"语言给家人写邮件，以维系家庭成员之间的联系。当孩子开始学会阅读，父母鼓励孩子与祖父母和亲属保持联系非常重要。这是一种鼓励媒介，因为写邮件是相互交流的行为，而且，当孩子收到邮件，他想马上回邮件的冲动很强。短小的段落交流可以鼓励初学者，让初学者觉得可以控制邮件的长短，而且信件中使用非正式语言交流会减轻孩子们怕"犯错"的顾虑。唯一的不足是，人们所接到或发出的信件无法体现语言的特殊口语表达，但与总体优势相比，这点缺陷不足为奇。

另一方面，因特网还能够提供给双语家庭更多最新的语言学习资源，特别是为孩子设计的学习软件。还有，双语儿童家长还可以通过因特网获得专业团体的建议，并且加入双语家长社区，与大家共同分享培养双语儿童的经历。一旦连接因特网，家长必须注意：孩子们也会通过因特网搭建自己的社交网络，满足自己的需求。但其中只有一部分内容与孩子的双语能力培养有关。我们坚信因特网能为交流提供资源。家长应牢记：语言发展需要友好、安全的人际环境，而这一点在网络中容易实现。网络提供给我们许多外界信息资源，但更重要的是它的社会功能，对于那些移居海外、生活孤单的家庭来说更是如此。

口译和笔译

在我们着手准备这本书时,有些被我们采访过的家长骄傲地告诉我们,他们的孩子在联合国从事翻译工作。这让祖父母和其他亲戚倍感自豪,并且觉得只要掌握双语,将来就会拥有一份体面的工作。或许双语孩子将来会成为口译者或笔译者,但他们要为此付出巨大的努力。道理很简单,双语者自己或许并不具备笔译或口译能力,因为这是两项独立的、专业性强、完全不同的技能,而且要具备丰富的背景知识。

为了了解这两种技能的专业性,我们以同声传译为例:同声传译要求译者经过大量的训练,将听到和理解的语言内容同时翻译成另一种语言并将其说出。双语者同样也要接受训练。要想了解同声传译的难度,你可以尝试以第一语言为例:在听广播新闻的时候,每一条新闻结束后马上说出其梗概,同时聆听并记住下一条新闻的内容。通过这个例子,你就会充分体会,使用两种语言进行同声传译更是难上加难。

口译者和笔译者必须加倍努力,才能达到专业要求的速度和准确度。对许多人来说,他们才是真正的"双语者"。就像"只有一级方程式的赛车手才懂得开车"一样。大家都公认同声传译者的口语比大多数人说得更快、更准确,但不是同声传译者也能够很好地进行交流。事实上,大多数双语者并不需要培养同声传译者所具备的那些技能。

最后值得注意的是,那些顶级的专业口译者和笔译者非常专业,他们仅关注某一特定领域内容,比如生物化学或海洋法。有个现象人们很好奇:为国会做同声传译的译者每天只工作3个小时,或许是由于工作强度高、压力大。这一点非常正确。但人们忽略了同声传译者利用空余的时间,不断深入研究某一领域的最新发展动态。因此,如果想成为口译者,只具备双语能力还远远不够。首先你要学会理解,成为所涉及领域中的专家,还要完成特定的培训才能成为合格的译者。

混合

家长们经常会担心双语儿童说话时将两种语言混在一起,似乎这表示孩子混淆了两种语言。但目前对双语儿童的研究,几乎从未涉及孩子最初学习语言时如何区分两种语言。相反,大多数研究侧重于揭示双语孩子如何逐渐区分两种语言。而且根据语言不同,区分过程的进度和阶段也不相同,基本区分顺序为:语音结构、词汇、语法及含义。即便孩子区分两种语言的语音结构早于区分语法结构,但想准确区分英语和法语中"p""t""k"等音节的精准读音,还要等到6岁左右才行。

两种语言的混合现象,也是孩子逐渐区分两种语言的过程。关键问题是,这些混合句子特别明显,总会引起别人的注意。如果你非常担心孩子出现这样的问题,不妨使用一些数学方法来解决:计算一下这些混合句在孩子话语中所占的比例。在典型的双语家庭中,父母分别使用不同的语言与孩子交流。有人曾经统计过2岁半的孩子说话。当她与妈妈沟通时,所使用的语言80%—90%是妈妈的母语;与爸爸沟通时,使用爸爸母语的情况与前者相似,另外的10%—20%的语言为混合语。通过这种方法,家长就会对孩子的问题有大致的了解。

　　基于上述情况,我们可以通过近距离观察的方法来解释混合语言的问题。通过观察我们发现,大多数混合语言现象都体现为,在一种语言结构中插入了另一种语言词汇。这是因为孩子在一种语言环境中,体验某种经历或听到某些信息。当她试图用另一种语言再次描述那些经历或信息时,却无法找到相对应的单词或完全对等的表达法。因此,就会造成混合使用语言的现象。

　　孩子在语言能力不断提升的过程中,经常会出现语言混合现象,尤其是他们曾正确使用过某种语法结构,但还没有真正掌握。比如3岁半的爱玛(英语/法语),她曾经正确地用英语和法语表达"非常地"(英语 very much;法语 beaucoup)。但在3天之内,她仍然会将两种词汇混合使用。其实我们没必要大惊小怪,这种现象也表明爱玛正在区分和掌握两种语言结构。解决这一问题最好的办法,就是告诉她正确的表达方式,直到她最终掌握为止。

　　那么,家长如何帮助孩子区分两种不同的语言?这里有3种常用的方法:首先,每位家长最好持之以恒地使用一种语言同孩子交流,家长彼此之间的交流也要贯彻这一原则。虽然这个方法听上去很容易,但做起来并不简单。双语家庭的家长往往为了方便,说话时会使用许多混合语,比如:"早上我去了老佛爷购物中心。我刚走出塞泽德安汀车站才发现我的购物单忘在伏尔泰路了。"(I was going to the *Galerie Lafayette* this morning. I had just come out of the *station Chaussée d'Antin* when I realized I had left my shopping list in *rue Voltaire*. 其中斜体部分为法语,其余部分为英语)。其次,如果孩子说出了混合语,家长不要责备她,也不要单调地让孩子"重复我的话"。家长应该以应答的方式,将正确的表达告诉孩子。154

比如：

> 爱玛：妈妈，我还想去游泳池。（Maman, I want to go *dans la piscine* again.）
>
> 妈妈：啊！你还想去游泳池呀？那好吧！（Ah! *Tu veux retourner dans la piscine? Eh bien vas-y!*）斜体部分为法语。

再有，多给孩子提供与朋友交流的机会，而这些朋友只会讲孩子所掌握双语中的一种语言。如果孩子非常想跟朋友们交流，她自然而然地会避免在谈话中掺杂混合语。

孩子的双语体系一旦建立，家长最关心的问题是如何区分两种语言。或许，孩子对一种语言的掌握情况优于另一种语言。而且，主要交流用语的频繁使用会影响到另一种语言的使用与掌握。这好比单语者结束回家探亲后，回到工作岗位或学校，他的口语中就会带有很浓的家乡口音。这个问题对于双语者来说至关重要，必须认真对待。解决这一问题的方法也有许多，比如坚持听广播、阅读报纸、与身边的朋友保持沟通等。语言习得就像学习演奏乐器一样：百日笛子千日箫，一日不练准折腰。

名字

在双语家庭中，许多家长都希望自己孩子的名字能够代表父母双方的家庭背景。比如"菲利普·麦克"在法语和英语中都适用。听上去似乎有些道理，但没必要一定这么做。即便在拥有大量"国际性"名字的欧洲，也不可能找到两边都适用的名字。

当然,在为孩子选名字的时候,家长一定要避免名字在另一语言中带有不好的含义。比如,一位讲英语的爸爸想为自己的女儿取名为"Marie-Rose"(马瑞亚-罗斯),但妻子解释说这是一种气味很酸的药,在法国被人们用来清除白虱。

此外,人们还会给孩子加很多的名字,以体现家族的背景。或许将来我们会发现有许多"混血儿"的名字,比如 Graham Otto(Graham 为英语名字,Otto 为德语名字)或者 Maryse Shelia(Maryse 为法语名字,Shelia 为英语名字)。

双语儿童姓的读音也有问题:双语孩子认为,根据不同的语言,自己的名字读音也不同。有些名字在两种语言之间转换起来比较容易,比如"瑞雷"(英语和法语的读音相近)。其实孩子们对此毫不在乎。有些人非要在名字中体现出孩子的出生地。比如艾米丽·瑞雷希望将"于韦斯屈莱,芬兰"编入名字,但这根本行不通。最后,她获得了法国教育部颁发的证明文件,证明她出生于"于韦斯屈莱,芬兰"。这让她倍感自豪。

最后,值得注意的是,有些孩子喜欢一些超凡脱俗的名字。这超出了语言学的范畴,更多关系到孩子性格方面的问题。

国籍

正如我们在书中所表达的,从法律角度来看,国籍并不影响人们使用语言。非法国公民一样可以讲法语。即使没有熟练掌握英语或德语,一个人也可以同时拥有英国和德国国籍,这对于双语者来说,这种情况非常普遍。因此,需要考虑孩子国籍问题的是领事和大使,而不是语言学家。

其他语言

我们并不清楚人类最多能够掌握多少语言。尽管目前具有说服力的证据并不多见,但关于人类在语言掌握方面不断挑战极限的故事屡见不鲜。其中就职于联合国翻译部的乔治·施密特就是当今世人公认的奇迹。据"吉尼斯世界纪录"报道,乔治·施密特可以"流利地使用 30 种语言进行交流,而且能够将自己的话语翻译成 36 种文字"。19 世纪的探险家理查德·伯顿所掌握的语言超过 25 种(Brodie, 1967)。尽管理查德·伯顿能力非凡,但他在探险途中,有好几次因一个小口误差点儿送了性命。

最新研究结果表明,即便是那些语言天才,他们仍没达到人脑承载语言能力的极限。这方面的实例信手拈来:1983 年在丹麦召开的学术会议中,有 160 位专家来自欧洲各国。每位参会者所使用的语言数量平均为 3—4 种(实际上,单语者都是英语或法语的使用者)。因此,双语儿童家长不必担心孩子在校内或校外学习第三种、第四种或第五种语言。

双语者在学习新语言时,会明显表现出很自信、积极。这并不奇怪。尽管双语者会改变对某种语言的兴趣程度,但掌握两种语言会使他们觉得,学习第三种或第四种语言也不成问题。学习语言会使他们善于此道。这就跟人们同时学习打网球,弹钢琴和下围棋是一样的。

双语能力使双语儿童对语言本身产生了浓厚的兴趣,并且能够洞察整个语言特征。双语儿童潜意识里已经了解了语言的许多方面,而这些方面对于单语儿童来说却非常陌生。最重要的一点就是:语言之间都存在差异,但不要总问"为什么"。比如,单词"汽车"在不同的语言中表现形式各不相同,语法、俗语、语音的情况也是一样的。

此外,还有一些因素可以解释双语儿童比单语儿童更善于掌握新语言。在已经掌握两种语言的基础上,双语儿童发现新语言中的许多单词是他们熟悉的。参与本书课题研究的双语儿童都向我们反映,在学校开设外语课后,他们的读音都得到了老师和同学们的认可。当然这里有学习态度的因素,但也反映双语儿童所拥有两套语言体系使新语言学习更加轻松。

然而我们仍要强调,良好的开端并不意味着双语儿童在学习新语言时可以不那么刻苦。实际上,我们可以列举出许多失败的例子。这些例子中双语儿童满足最初的成绩,过分自信,最终导致学习失败。

同样,我们要了解孩子在家与在学校学习语言是完全不同的。这里并不是批评学校的教学方法。由于两种环境完全不同,所采用的教学方法也不尽相同。在家中,孩子至少拥有一位"全职教师"并为其提供专门的"一对一辅导课"。而在学校,一周只有几个小时的语言课,而且在此期间一位老师要面对20—30名学生。无论采用哪种教学方法,双语孩子在学校学习语言时,都会觉得很奇怪。

艾米丽(三语者,英语/法语/瑞典语)放学回家。她刚开始学习德语而且感觉很兴奋。

> 艾米丽：爸爸！爸爸！你知道老师怎么教语言吗？
>
> 爸爸：嗯，不知道，亲爱的。为什么这么问？
>
> 艾米丽：特别好玩！特别好玩！老师先说一个短语然后让全班同学重复五遍。
>
> 爸爸：天呀！什么短语呀？
>
> 艾米丽：我忘了。
>
> 对话过程全部采用英语

"休眠"语言的复苏

当双语孩子的一种语言能力变得迟钝，似乎进入了一种"休眠"状态时，家长就会非常担心。这主要是改变了两种语言使用方式所导致的。遇到这种问题，家长应该确信：孩子仍然保持双语能力，处于"休眠"状态的语言会被再次激活。尤瑞克-凯勒特和阿拉坤-奈韦（Ulrike-kellett and Alarcon-Neve，2001）曾通过研究证明，"休眠"语言的结构和交流能力能够被迅速恢复。他们列举了一些例子，比如6岁的双语儿童（西班牙/英语）居住在英国。上学后，她主要用英语与小伙伴交流。她的西班牙语就变得非常"被动"。但经过在哥伦比亚一个月的假期，她的西班牙语不仅得以恢复，而且还有了明显的进步——从2—3个单词的话语发展到使用复合句进行交流。还有一位8岁大的双语儿童（西班牙语/德语），他在奥地利只生活了3年（2岁至5岁）。父母采取每天沉浸式德语/西班牙语双语讲故事方法，两个半月后他的德语交流能力明显得到了恢复。

阅读

运用两种语言进行阅读并不是什么大问题。假如孩子在学校里使用一种语言进行阅读,那么这种阅读能力通常会顺利地转到另一种语言上,特别是在两种语言的书写体系相同的情况下,这种转变更加明显(详见写作部分)。有一位家长为了避免英语学习对儿子法语学习造成影响,刻意避免教孩子阅读英语。然而他却惊讶地发现,儿子能够准确地、合辙押韵地读出英语书中的段落。因为男孩会说英语,也学习了如何阅读,他自然而然地学会了使用英语阅读。

近期的研究表明,双语儿童最初开始阅读的环境对于其阅读能力培养至关重要。赫尔曼(Herman,1996)提出,双语儿童使用第二语言讲故事的能力主要源自家长使用这种语言讲故事的经历。拜耳雷斯多可(Bialystock,2001)认为:"给孩子讲故事,不仅仅为了培养孩子文学素质,还能够培养某种特定的语言能力。"

拜耳雷斯多可将双语儿童的阅读能力发展大致分为3个阶段,而且每个阶段都有不同的技能要求:第一阶段为"学龄前"阶段,在这个阶段我们会明显发现,双语儿童比单语儿童更容易理解书面语言是将口语内容以符号的形式展现出来,这主要归功于他们不同的语言经历;第二阶段为"早期阅读",在这个阶段里,孩子要掌握书面语与口语在形式上的区别及规律。此外,在这个阶段家长要给予孩子更多的鼓励和支持。第三阶段为"流利阅读"阶段,这个阶段的重点是,孩子能说出书中的内容。家长一定要注意,每个孩子的阅读能力都不相同,这也跟对语言的熟悉程度有关。有迹象表明,双语儿童在使用第二语言进行阅读时速度比较慢,但这种情况也会随着环境的变化而改变。正如拜耳雷斯多可讲的:"能够阅读就很不错了。"

拒绝说话

我们有时会发现双语儿童不愿使用其中一种语言。但在所有案例中,我们没能找到任何典型的例子。有人认为这是由两个社会群体之间的矛盾所导致的,而我们在这里并不想讨论这个问题。以克莱尔为例,她是名三语者(英语/法语/德语)。据她回忆,20世纪40年代初德军占领巴黎时,她曾拒绝跟妈妈讲英语,而妈妈却坚持使用英语同她交流。由此可见,我们不应该简单地将拒绝使用某种语言归结为说话者深层的心理问题。

即便如此,我们仍觉得有必要探讨这个问题。这就像孩子闹情绪不愿吃饭、排斥爸爸妈妈一样。如果要放弃某种语言,家长一定要先考虑以下几个问题:

1. 是不是孩子一时闹情绪?单语孩子也会因发脾气而拒绝回答问题。如果是这种情况,家长就不能简单放弃使用语言,因为这仅仅是暂时性的问题,而且并不是由语言方面的困难所引起的;

2. 是不是家长自己违反了交流规则?比如某些家庭会将一种语言作为家庭内部交流用语,而另一种语言用来与外界交流。反省一下,家长是不是在与外界交流时使用了家庭用语;

3. 谈话对象是否会使用这种语言?孩子非常敏感,他们会突然害羞起来,不愿意在伙伴面前表现出与众不同。或者出于礼貌,他们不希望有人因听不懂交谈的内容而感到不安。因此,如果家

里来客人,孩子就会使用客人所使用的语言进行交流。我们采访的许多家庭都采用了这种方法;

4. 尽管本书中所提出的方法都是建议性的,但下面的建议我们希望家长一定要牢记:不要为了"炫耀"而要求孩子用英语、法语或日语说点什么。即便有时客人提出这种要求,家长也要予以保护。我们所调查的双语儿童中,大多数认为"炫耀"双语能力是唯一让他们觉得别扭、尴尬的做法。就连年纪小的孩子也会觉得成人的这种要求比较过分。年纪稍大的孩子会采用其他的策略进行回应,比如:

—— 你真的会说英语吗?来说句英语吧(成人说法语)。

—— 不(孩子简单用英语作答)。

5. 孩子的双语能力是否只能用于接受语言信息?也就是说,他的理解能力是否优于表达能力?这样的例子非常常见,因此我们不能忽略不计。如果是这种情况,我们不能责备孩子。家长应该考虑其他教育方式:比如接受目前的客观现实,坚信如果孩子希望或需要使用这种语言,那么他的交流能力会从一种语言快速、顺利地转移到另一种语言。再有,可以考虑制造其他的语言环境来鼓励孩子使用语言。

6. 孩子是否处于一种特定的阶段?在这个阶段里,他们不愿与年长的兄弟姐妹进行比较或者想表现自我。那么只有当情况有所改变后,这个问题才能够解决。但解决这个问题的时间并不确定。

总的来说,区分"拒绝说话"的原因是偶然性(1—4)还是长期性(5—6),对于双语儿童的家长来说非常重要。如果孩子不喜欢所掌握的某种语言,家长也没有必要非要坚持下去。但从我们的调查结果来看,这种情况非常少见。消极的语言学习态度或痛苦的学习经历都不是双语能力培养的初衷。当然,家长也没必要因孩子的问题而改变自己的交流方式。也就是说,即使孩子只能使用双语接受语言信息,家长也要将选择语言的权利留给孩子自己。

学校教育

这本书的阅读对象主要是使用双语并培养孩子双语能力的家长。因此,我们再次强调,本书中并不涉及有关双语教育的原则和政策。也就是说,有些国家针对小语种教育需求所指定的方针政策,不在本书所讨论的范围之内。书中引用了许多知名学者对这一问题的独特见解及评论,其中包括罗马尼(Romaine 1995,第六章)、贝克(Baker, 2001)、约则森和霍顿(Jorgensen and Holden, 1997)。当然,在许多案例中我们发现,如果双语家庭到双语地区居住或旅游(比如法国阿尔萨斯、加拿大、英国威尔士地区),他们会发现当地的教育会根据社会交流需求而设定语言课程。也就是说,家长受到来自社会多方面因素的影响,决定是否让孩子在学校中接受双语教育。我们无法简单地给出固定的答案,但我们还是提出了以下几点指导性意见,希望能够帮助家长做出正确的选择。总的来说,这些意见不仅可以说服家长支持孩子培养双语能力,而且要让家长们意识到他们在塑造孩子双语和双重文化认知方面起到至关重要的作用,而这些都在一种无忧无虑、和谐的环境中进行。从这一点出发,家长应该考虑:如何与学校教育相结合,共同培养孩子双语能力?家长应该关注有哪些"关键的发展阶段"?根据拜耳雷斯多可提出的语言发展理论,我们也将学校教育分为3

个阶段:

在学龄前阶段,关键是让孩子尽可能多的接触双语环境。如果您的孩子正在同时学习两种语言,而幼儿园里只使用一种语言交流,您最好与老师及时沟通,为孩子创造充足的双语语言环境。家长可能会发现,在幼儿园用语的影响下,孩子的另一种语言能力发展会落后于前者。这时,家长在家中要尽量多创造使用较弱语言的机会,以缩小两种语言之间的差异。但想保持连贯的双语交流状态并不容易。对于那些要搬到海外居住的家庭来说更是如此。到了一个全新的语言环境,尽管年纪小的孩子比成人更容易适应新的坏境,孩子还是会感到不安。这期间孩子需要重新确定与外界沟通的信心,这时候坚持家庭成员的内部交流模式比任何时候都重要,因为它会使孩子在情感上觉得没有失去与家庭成员之间的联系。在家中同孩子交流时最好不要使用新的语言。家长千万不要低估语言在维系家庭成员之间关系的重要作用。我们也可以试想一下:当一家人搬到陌生的环境后,孩子白天在学校已经面对很大的压力。如果他们回到家中发现,家人之间的交流语言也改变了,这会给孩子的语言发展造成负面影响。爱恩伯格(Arnberg,1987:148)曾经采访过一位38岁的双语者,她认为:"家长应该使用最擅长的语言同孩子交流,因为只有这样他们才能最好地向孩子传达他们的想法和感受。"

到了小学阶段,我们建议家长仍然采用同样的方法。在小学低年级阶段,家长应该主要关注孩子阅读能力的发展。如果孩子不愿用"第二语言"或"母语"来阅读,家长也不必大惊小怪或因此而强迫孩子。最好的解决办法就是,坚持家庭阅读练习,并且尽可能地选择孩子喜欢的故事。许多国家专门开设了多语班级,并由专业老师任教，以帮助刚刚搬来的、还不会讲当地语言的孩子适应当地环境，其效果得到了家长的广泛认可。在这样的班级里，不同背景的孩子面临着同样的语言问题。老师通过鼓励孩子去了解不同的语言和文化并在家中使用母语，提高他们的自信心。不同的学校或教育体系都有自己独特的标准"代码"，而要想了解这些"代码"含义非常困难，家长要做好心理准备。首先，与当地老师和其他孩子家长沟通时就会遇到问题。比如，如果你到了英国，在与老师的谈话中经常会听到"KS1"，"KS2"，"KS3"（这是政府根据孩子的年龄所设定的考试级别）；而到了法国，相关的"代码"则变成了"CE1"，"CM2"；在苏格兰地区则又被称为"P3"，"P4"（小学三年级、四年级）。同样，当搬到一个新环境，家长要仔细了解当地学校开设的"双语班级"或"双语项目"的具体信息，而这并不容易。过去10年里，欧洲的许多国家都在大力推行"双语教育"。虽然有些学校能够有效地采用第二语言作为教学媒介进行授课，而其他学校却仅强调第二语言的学习，这对于那些母语为第二语言的孩子来说，课程乏味、毫无兴趣，完全没有达到有效的双语教学效果。最后，家长一定要研究当地教育体系中可能存在的问题以及中期课程效果。同时，如果孩子在小学期间参加过双语项目，家长要主动了解有关小学升中学的详细信息。

到了中学阶段，双语儿童的整体教育情况变得更为复杂。因为除了适当的双语教学科目，孩子在中学阶段要选修一门外国语，而这门课程对于某些孩子来说并不适用。比如，学校开设的外语课程对于大多数当地孩子来说是全新的，而对于双语儿童来说，说不定所学的语言正是他们已经掌握的语言之一。在这种情况下，最好的解决办法就是同老师进行沟通。当然孩子可以再次从头学习这种语言,但这对他的语言能力发展并没有什么帮助。有时候老师会允许双语学生在外语课上阅读其他书籍。双语儿童在享受阅读乐趣时,同学们才达到最基础的阅读水平(Snow et al., 1991)。针对处于这个阶段的儿童,家长往往根据对孩子的期望而做出选择,主要涉及以下几个方面:可预测的未来环境、特定国家的考试体系、学校课堂教学以及孩子的兴趣。家长需要了解孩子使用哪种语言与同学和伙伴交流。如果他们在学习、游戏时经常使用某种语言,那么这种语言很有可能成为他的主要交流用语。

书写/写作

双语儿童刚开始接触阅读和写作时,如果两种语言的书写方式不同(比如罗马语和斯拉夫语的书写完全不同),整个过程就会变得非常复杂。这个问题在孩子学习阅读和写作的最初阶段至关重要,因为这时孩子要掌握书面语的符号和含义。家长可以通过区分两种语言不同的"书写方式"及"写作体系",来评估孩子将口语与书面语联系在一起时所遇到的难度(Coulmas, 1989)。如果解读不同书写模式所遇到的困难与语言符号有关,那么掌握两种不同的写作系统就更难了,这是因为写作系统是语言结构的独特之处,是口语表达的基础。因此,在字母体系中,单词与读音紧密相连;而在汉字体系中,字才是语言的基础。很明显,学习英语和希伯来语的孩子要比学习英语和汉语的孩子轻松得多(即便都是两种不同的语言,但英语与希伯来语都属于字母体系)。因此,家长不应简单地凭借口语的流利程度,就错误认为孩子两种语言的阅读能力的发展一定均衡。

双语儿童在学习阅读两种不同的语言体系时,同单语孩子的情况一样。当使用第二语言进行阅读时,他们可能会借用第一语言的阅读技巧。但对于第二语言是母语的人们来说,他们通常不会使用这些技巧,而且要通过复杂的心理学实验才能够检测出来这些技巧。家长应该注意,孩子在语言掌握初期需要家长的大力支持,如果孩子打算暂时放弃使用第二语言,家长也应予以理解。

拼写

一般来说,孩子读得越多,写作和拼写的能力就越好。许多家长只看重孩子能否正确拼写第二语言单词。家长们还觉得,孩子在学校整天都使用一种语言进行阅读和写作,回到家里使用第二语言的程度肯定无法与前者相比。然而,许多双语儿童非常希望学习使用第二语言写作,就像单语孩子在家里玩"学校上课"游戏一样。如果家长能够设计有趣的家庭教育方式,将会收到意想不到的效果。

厨房里的小黑板、孩子可以自娱自乐的游戏都是不错的选择。此外,如果家里没有足够大的场地,你也可以买有吸力的字母,粘在冰箱上给孩子看。拼字、添字母、猜字游戏都可以帮助孩子提高正确拼写的能力。比如在玩猜字游戏时,你可以让孩子借助字典查找所要单词的含义。也可以让孩子想出带有某种特定读音或以这种读音开头、结尾的单词。比如法语中的鼻音 an 就有好几种书写方式:-en,-an,-ent,-ans,-ant,-aon。

另一种有效的方法是编一个故事讲给孩子听并让孩子写出来。家长可根据孩子的年龄和语言水平来编故事。如果孩子在书写的时候显出疲倦，就暂停休息一会儿。下面的例子中，7 岁半的菲利普读完安东尼·德·圣—埃克苏佩的作品《小王子》后，自己重写了这个故事。菲利普能讲英语和法语，居住在英国：

> Le rêve de Philippe
>
> C'est la nuit. Philippe dort dort dans sa chambre bleue. Il fait chaud dehors. La fenêtre est overte. Tout a coup le rideau se gonfle. Est ce le vent? Non. C'est un petit garcon blond, qui saut par la fenêtre, comme chez lui. "Philippe? Philippe!" "Quoi?" "Tu as l'air gentille. Veux tu venir jouer chez moi?" "Mais, qui est tu?" "Est ce que tu veux venir? On va jouer ensemble." "Mais, je ne peux pas quitter la maison." "Pourquoi? Est ce que tu ne veux pas être mon ami?" "Si, mais qu'est ce que mes parents vont dire?"
>
> "Tes parents?" Silence. "Ca ne fait riens. Viens!" "D'accord. Ou va t'on?" "Chez moi. depêche toi le vole est long!" "Ah! Attends. j'ecris a maman

菲利普的梦

有一天晚上,菲利普在蓝色的卧室里睡觉。天气很暖和,窗户开着。突然,窗帘飘起来了,是风吹的吗?不是的。有一个金发小男孩从窗户跳进屋子,就像到了自己家一样。

—— 菲利普!菲利普!

—— 干嘛?

—— 你看上去不错,想和我一起玩儿吗?

—— 可你是谁呀?

—— 想一起来吗?我们一起玩儿吧。

—— 可我不能离开家。

—— 为什么?你不想和我做朋友吗?

—— 不,但我不知道爸爸妈妈是否同意。

—— 你的爸爸妈妈?

(沉默一阵)

—— 没关系,来吧。

—— 好吧,我们去哪儿?

—— 去我家,快点,路远着呢。

—— 啊,等等,我给妈妈写张纸条。

第二天,家长让菲利普找出故事中的错误。通过阅读,菲利普能够独立找出并更正大部分错误。

我们列举菲利普这个例子是因为,菲利普除了6岁时在幼儿园接触过法语之外,他没有接受过任何正规的法语训练。由此可见,精心的活动加上大量的阅读必能促进拼写能力的提高。

口吃

　　尽管有些人认为双语是造成儿童口吃的原因,但英国口吃协会表示,至今为止没有具体的实例证明两者之间的关系。即便在那些双语者占主流的国家里,其公民的口吃程度并没有超过单语国家的公民。因此,我们觉得有必要提醒各位家长,发生口吃的可能性只占全世界人口的1%(Bloodstein, 1995)。

　　即便如此,有些人仍然错误地将两者联系在一起。有些儿童在某一时段内说话并不流利。他们在讲话时非常紧张,为了达到完美的效果而左思右想、犹豫不决,结果反而把话讲得结结巴巴。在某种社会环境中,假设在与家人沟通时,如果孩子选择了错误的语言而遭到责备或嘲笑,或者在与陌生人交谈时使用了不太擅长的语言,都会使双语儿童在选择交流用语时感到紧张。再有,对孩子的口语表达寄予过高的期望,会给孩子造成额外的心理负担并导致口吃。

　　很显然,双语儿童比单语儿童更容易引起人们的注意。而且人们采用更为严格的评价标准来评估他们所说的话语。无论这些评价是好是坏,都偏离了儿童语言表达时自然而主动的行为原则。我们经常会碰到一些人,他们在与孩子交流时本可以使用双方都擅长的法语,却偏偏坚持使用死板的学术英语,以至于错误认为"我在跟他讲英语,可他却什么都听不懂。"这些人没有意识到,与其说这是对双语儿童语言能力的批评,不如说是对他们自己的批评。遇到这种情况,家长要善于保护孩子,可以对孩子说:"亲爱的,你知道吗,X先生法语讲得也不错。"

家长们一定要记住以下几条原则,这些原则适用于双语和单语儿童:如果你发现孩子口语表达不够流利,切记不能流露出生气和不耐烦的表情。甚至不要更正孩子所说的话。因为这会使孩子过分关注讲话的方式而忽略要表达的内容。相反,家长应该尽一切努力使谈话变得生动有趣,比如做个耐心的听众以及想一些孩子感兴趣的话题,以增强孩子的自信心。

下面的建议是专门针对双语儿童家长的:

1. 在培养孩子双语能力时,越顺其自然,效果越好。

2. 如果孩子讲话不流利,如果这种不流利现象仅体现在一种语言,表现形式为重复和经常停顿,家长不必担心。这种现象或许仅仅是由于两种语言未能平衡发展而造成的。也就是说,孩子在使用一种语言描述所经历的事,而这件事发生在另外一种语言环境中,他们往往找不到对应的单词。尤其当家庭用语与学校用语不一样时,这种现象比较常见。这时,家长需要帮助孩子提高较弱的语言。比如通过读故事(选择在学校发生的故事)来丰富孩子的词汇量。

此外家长还要提防一种错误观念:这种解决方法会导致孩子放弃使用一种语言,而且很可能是家庭用语。因为这会让孩子感到紧张,认为自己所说的话错误百出。要是其他兄弟姐妹们都能流利使用两种语言,使用这种方法就会造成非常恶劣的后果。

如果孩子口吃的情况变得很严重,而且还伴有其他一些现象:紧张、眨眼睛或肢体语言(Watson and Kayser, 1994),孩子很可能已经达到早期口吃的程度。明智的家长应该马上咨询语言临床学家,对其症状进行医治,医治越早,治愈的可能性就越大。语言临床学家会依据丰富的经验及专门训练,区分口吃和其他不流利状态,在治疗期间能够确保孩子进行自然表达。如果无法找到与孩子讲同样语言的语言临床学家,家长们应该记住"没有人比医生更能准确判断出口吃与方言之间的差异了"。(Van Borzel et al., 2001)

说脏话

4岁的卡特加坐在客厅的地毯上,一边玩娃娃一边自言自语。她是个三语儿童,会讲瑞典语、英语和法语。突然,她念叨着"哦,哦,哦,亲爱的,亲爱的,该死"。如果瑞典人或英国人听到这句话,会觉得无伤大雅,甚至还会觉得很有趣。但绝大多数法国人听到孩子讲这句话会略微感到吃惊。卡特加恰巧遇到了四大类"不可翻译的内容"之一,其中包括笑话、诗歌、菜谱和脏话。这四个方面充分体现了语言与文化之间具有独一无二的联系。

有人会提出反对意见,因为法语单词"merde"可直接翻译成英语"shit"(两个单词都可翻译为"该死")。这种情况下,我们可以设身处地从孩子的角度考虑:当孩子说"shit"(该死)时,爸爸妈妈告诉她这么说不礼貌,以后不许再说。因此孩子将这个词归为"粗鲁词汇"。但当她同小伙伴一起玩儿时,他们完全摆脱了父母的束缚,而且相互影响。这时没有人告诉孩子法语词"merde"(该死)等同于英语词"shit"(该死)。或者干脆说,对于孩子来说,两种语言中含义相同的单词,其中一个是脏话,而另一个却不是。这也就是为什么她认为"merde"与"哦、亲爱的"这些词一样可以被使用。

当一家人刚搬到新的环境,如果家长突然发现孩子开始讲脏话,请不要惊慌。脏话非常容易学,而且孩子也会发现其"独特之处"。而且,讲脏话还可以帮助孩子得到伙伴们的认同。虽然家长都会担心这个问题,但讲脏话也是孩子开始融入新社会的第一步。然而,我们并不主张家长鼓励孩子这种行为或对此放任自流,而是应该简明扼要地告诉孩子,这样做不符合社会伦理道德。当然家长要根据孩子不同年龄采取不同的劝说方式。如果家长过分责备孩子、夸大讲脏话的危害,会使孩子感到很内疚,也会阻碍孩子的语言学习,使情况更加恶化。

在一些案例中,家长自己对某种语言的掌握欠佳,甚至需要付出额外努力,以及外部的帮助。年轻的英语教师一家刚刚搬到法国,他回忆道:"我们刚来的几个星期,孩子们通过在学校学习,法语就进步的很快,而我们自己还苦于无法与他人进行沟通。有个孩子也住在我们小区里,年龄跟我们的孩子差不多大,所以他们经常在院子里玩儿。几天后,那个孩子的妈妈找上门来,脸色非常难看。一开始,她先表示我们的孩子很乖,她也很高兴两个孩子能交朋友等等。'但是,先生,有些话……'她一边挥手一边皱眉。我们不得不尴尬地问她'哪些话'。'脏话',她费力挤出这个词'但是(清了一下嗓音),您能解释一下如此美妙的英语中怎么会出现这句脏话?'这时,我们的脸腾地一下都红了。稍后,这位母亲鼓起勇气,走进屋与我们继续商讨这件事。"

如果家长没能阻止孩子讲脏话,我们可以试着采用另外一种办法,也被罗伯特·格雷夫(Robert Graves)称作"不含酒精的脏话"。"4岁的艾米丽学会了一些脏话,我们也不知道她从哪儿学的。有一次我们要去看爷爷奶奶,她几分钟就会重复一次,声调还特别高。有一天我让她听我大声说'moccasins'(脏话)。她一开始很兴奋,跟着我连喊了几声。接着我严厉地说'艾米丽,你怎么能这么说？你到底从哪儿学来的？奶奶听到了该怎么办？'这种办法奇迹般奏效了。接下来的几周里，艾米丽遇到不开心的事就会小声嘟囔这句脏话，余下的日子里都很平安。"

最后，我们并不想建议或鼓励这种习惯，但必须承认在恰当的时候讲脏话会容易赢得本语言使用者的认同和接纳。对于外来者来说，无论她如何完美地表达语言，不会讲脏话就像"只有歌词，没有曲调"一样。

电视机

当今世界，只要人们拥有电视设备，卫星就会将许多语言节目频道转播到世界的任何角落。因此，电视机对孩子的语言习得也具有一定的影响，值得研究。

这种影响主要有两个方面：一方面，看电视有助于孩子语言能力的发展；另一方面，还可以增强文化认知度。从第一个方面来看，看电视的确可以帮助孩子丰富语言信息，但要取决于他们喜欢看哪些节目。还有，看电视基本上是一种接受式语言交流（孩子只听不说），家长可以采取一些措施来尽量克服这种缺陷，比如组织家人或邻居家的小朋友跟孩子一起看电视，看完电视节目后大家就节目的内容进行讨论。

然而，那些非常适合孩子提高语言交流能力的节目往往得不到孩子们的青睐。孩子需要能让他们全面接触口音、语调、说话方式以及语言功能的节目，而电视机就是最佳选择。我们只需查看下午的节目单，就会发现多种多样的电视节目，比如自己动手节目、新闻、天气预报、园艺问答、电视剧以及野生动物纪录片等等。

然而，为儿童制作的电视节目中并没有涉及这些方面的内容。因此，当孩子希望通过电视来学习语言时，他们只好去看动画片或广告了。

即便如此，我们认为电视节目对提高孩子理解能力方面起到了促进作用。媒体本身所具有的多样性、便捷、适用性以及能够同时展示声音和图像的功能，使电视节目成为孩子学习语言的极佳原材料。

即便家长不会讲"电视上的语言"，即便孩子生活在"陌生的环境中"，电视机也可以传递文化信息：法国人怎样就餐、英国人早餐吃什么、丹麦人什么时候开始吃晚饭。双语儿童还可以邀请同年龄的小朋友一起看电视，以提高他们较弱的语言（这些小朋友所使用的语言是孩子的较弱语言）。无论电视机好还是坏，人们都可以通过观看电视节目了解所谓的"全球文化"（辛普森一家、芝麻街、六人行等等），了解这些文化也会使到国外旅游变得更加容易。

然而，这类节目也使许多双语者感到愤怒，参与我们课题的许多受访孩子也有同样的感受。主要问题出在电视节目配音上。也就是用西班牙语替代原有的英语或德语。双语者总希望能够看到原有的语言节目，他们无法接受配音，即便非常期待某些节目，他们也只好将电视机关掉。虽然我们没有任何数据证明，观看配音节目将阻碍孩子的语言发展，家长们还是觉得应尽量避免让孩子看配音节目。

但是，对于配有字幕的节目，人们似乎没有太多抵触情绪。这不是因为双语者可以只听不看，而是大多数孩子觉得将听到的内容与字幕进行比较特别有趣。"如果字幕翻译正确，你会觉得'嗯，还不错'；但如果翻译的不对，就太可笑了。""我不得不用一张纸把字幕盖起来,以免总去看它。"

录像机的广泛使用,进一步拓展了双语家庭对电视机的使用。在许多家庭中,成员之间总会随意地进行交流。用录像机记录下昨晚孩子看完电视后都说了些什么,谈话中如何加入妙语奇句或广告用语,你会发现这是维持第二语言有效而有趣的好办法。

低龄儿

人们普遍认为年纪小的孩子能同时学习两种语言,就像学一种语言一样简单。他们可以像掌握母语一样掌握两种语言。而对于那些通过不断学习而掌握双语能力的人来说,情况有些相似,他们也是以学习母语的方式学习第二语言。双语儿童在不同阶段所接触的语言规则、结构、功能,以及所犯得错误都与单语儿童一致。

家长应当注意以下几点:首先,8岁以下的儿童不需要接受正规的语言教学。V. 库克(V. Cook, 1979)曾记载过在巴黎的联合国学校里,学生们来自46个国家,对于这些孩子老师所采取的方法:

> 鼓励孩子掌握一种语言最好的方法就是:在友善的环境中与他人进行愉快地交流。语言习得就会在无意识状态下进行。

如果低龄儿在良好的语言环境中快乐成长,并且以不同的方式锻炼其使用第二语言听与用的能力,孩子接受第二语言就非常容易。而且,他们掌握语言的速度很快,有时连家长都觉得惊讶

打造双语家庭

（家长自己还在苦恼于学习掌握第二语言）。

除了父母，孩子最重要的语言老师就是他们的小朋友，孩子们会相互影响两种语言能力的发展。家长应该尽可能的创造孩子与同龄伙伴之间的交流机会。最佳的交流场所当然是幼儿园了。在一些国家里（比如法国），针对2—6岁孩子的幼儿教育是免费的，所有孩子都可以享受这种待遇。在其他国家里，家长只能自己来带孩子。幼儿园中的经历对于任何孩子来说都十分宝贵：对于一个刚到异国他乡、又不会讲当地语言的孩子来说，幼儿园也许是唯一提供语言学习的机会。

但有时幼儿园里所讲的语言与孩子的两种语言都不同。尽管这种情况可以调整，但偶尔还是会出现。这时，家长就肩负起与孩子多交流的重任。但这并不意味着孩子学习第二语言会很困难（这种做法会使孩子在讲话时经常使用成人说话的方式）。我们应该记得，近期的调查报告显示，孩子在一种语言方面所取得的进步会影响另一种语言，但这需要一段时间。

这也是双语能力的优势。家长可以放心大胆地培养孩子"母语"，不必担心孩子学习一种语言会影响他的另一种语言习得，反而会有助于语言能力的提高。尽管我们不清楚语言之间相互影响的具体步骤，但这种影响是正面的。也就是说，孩子的一种语言能力有所提高，她就会想办法将这种进步转移到另一种语言上。针对移民儿童所进行的大量调查研究已经证实了这一点：有些孩子的父母在新环境中放弃使用母语。如果父母坚持使用母语，这些孩子的第二语言掌握情况要比前者好得多。因此孩子越是认真学习母语，他的第二外语就会越好。

此外，家长还要注意一个重点问题：如果使用所不擅长的语言与孩子交流,其效果并不如意。当然,这是个相对的问题,因为只有家长自己才能判断自己的语言使用效果。如果家长(通常都是妈妈)为了避免双语能力所带来的问题,而使用自己不擅长的语言,我们觉得这种做法既让人遗憾又不符合逻辑。我们相信通常家长们都会竭尽全力教孩子"母语",而不是第二外语。从另一方面来看,我们并没有证据证明,家长使用外语与孩子说话的这种做法给孩子造成什么永久性问题。我们只是觉得这种做法既浪费精力,又给孩子与父母之间关系制造麻烦。

客人

家里经常会有客人来访(这里的客人指朋友、邻居、亲戚,甚至查水表电表的人等等)。然而,客人的到访也会对双语家庭一贯坚持的语言习惯产生影响。当然,如果来访者所使用的两种语言与被拜访家庭的用语一样,他很快会融入这个家庭氛围。比如,乌尔奶奶到女儿家做客,她同女儿和外孙女交流时讲瑞典语,与女婿讲话时使用英语,而且她的英语讲得跟女儿一样好。

然而在许多案例中,由于受到实际情况的影响,家庭成员之间的交流习惯必须要有所改变。据我们所知,大多数家庭都会采取简单而有效的策略处理这方面问题。但是,根据不同的来访者,家庭成员要采取不同的策略,所以很难描述他们的整体行为。下面我们列举了在哪些情况下,人们需要考虑采取策略:

1. 来访者是否是比较亲近的家庭成员(比如,新婚夫妇)？如果是,家庭成员就必须做出额外的努力,比如教新成员第二语言,这种行为可以被看做为一种感情投资。

2. 来访者是短期停留还是长期居住？

3. 来访者是儿童还是成人？

人们普遍采取的策略有：

1. 在客人访问期间，所有家庭成员全部转为使用客人的语言进行沟通。

2. 家庭成员之间交流用语保持不变，但与客人交流时采用客人的语言。

3. 家庭成员彼此之间表达个人看法时，交流用语保持不变。但在表达普遍观点或针对客人的一些看法时，要采用客人的语言。

4. 家庭成员中的一位或几位为客人提供同声口译。

以上这些策略各有千秋。如果来访者停留的时间比较长，采用策略1就会遇到限制或者会导致家庭沟通体系的改变。针对短期来访者，家长可以采用策略2和4，比如邻居家的孩子来家里玩儿。但如果来访者停留时间较长或是成年人，这两种做法就不太合适。我们猜测大家普遍采取的策略是1和3，而且用起来也非常简单、有效。在某些情况下，这两种策略也无法奏效，比如当来访者是父母各自的亲友时（他们都是单语者），策略4就必须被采用。这种情况也引起人们的关注，因为在这种状态下，家庭成员之间的交流速度非常缓慢。

当然，来访者也会评价并十分好奇主人的"奇怪"交流习惯。如果主客之间的交流仅限于基本的承受范围和常识，不会对孩子造成不良影响。我们认为，如果从建立自信心的角度来看，对孩子语言能力给予一点夸奖不一定是坏事，而且会对他产生长久的影响。

写作

对于双语儿童来说,写作能力往往落后于口语、理解力及阅读能力。家长们总会认为,孩子上了学就学会写作了。这使双语儿童在某一阶段两种语言之间的写作能力差距较大。但如果孩子上中学后开始学习第二语言,或者周围的生活环境有所改变时,这种差距很快就会消失。

为培养孩子的写作能力,家长应该主要关注如何为孩子创造写作的机会。玩游戏是最好的办法:比如"找财宝"游戏。孩子将家中的厨房用具藏起来,在纸条上描绘出藏东西的地点,让家长来找。

也可以让孩子给亲戚写信。孩子将自己在幼儿园制作的手工寄给祖父母、姑姑、表亲等等,孩子要设计、展示自己的作品,还要给作品起名字并附加解释。这些方法都得到了孩子们积极地响应。对于 7 岁以上的孩子,家长还可以采取制作连环画的方法,效果也很不错。家长还可以让年龄大一点儿的孩子编故事,并将故事做成"书",在睡觉前读给弟弟妹妹。

如果孩子能够积极地参与上面的游戏,家长最好不要更正他犯的错误,而是使游戏快乐地进行。随后,家长可以带着孩子玩"找错误"的游戏。孩子们很喜欢这些游戏,特别是家长鼓励他们通过查字典来认识陌生的单词。

如果双语孩子没有机会在学校里学习较弱的语言,家长应该针对他的生活和喜欢的故事来设计游戏。如果孩子能够在学校里学习第二语言(即便时间很短),家长要确保孩子了解这种语言的书写习惯。因为不了解这些习惯会给孩子将来的生活带来不必要的麻烦和困扰。在法国,阅读"巴巴尔"丛书能使孩子了解法国学生写作的风格。有时让孩子大声读出亲友的来信也是个不错的方法。对于学龄前孩子,家长可以用拇指将邮票盖住,让孩子猜猜这封信是从哪里寄来的。

引言

6岁双语男孩(法语/英语)

> "哦,这很正常……如果只会讲一种语言那多尴尬呀,因为在旅行时你肯定会遇到麻烦。"

14岁双语女孩(英语/法语)

> "一想到必须在学校费劲地学习外语,甚至学得又不地道,会讲双语帮我省了不少麻烦。"

双语成年人(英语/法语)

> "我觉得会说两种语言没什么大不了,但另一方面,如果只会讲一种语言又很别扭,就像只用一只眼睛看东西一样,缺乏深度和广度。"

5岁三语女孩(英语/法语/瑞典语)

> "我喜欢,因为可以学唱更多的歌曲。"

14岁双语男孩(法语/英语)

> "对此我并没什么想法,这就像一种习惯。但我又一想,如果回到英格兰却无法与亲戚们交谈,那该多可怕呀。唯一的问题是,同学们总让我帮他们写语言作业。"

双语成年人(法语/英语)

> "我无法想象只会讲一种语言的情形。那就不是我了。人们认为双语者有身份方面的问题,这简直是胡扯。如果他们抢走了我的一种语言,就像抢走了我的一半身份一样。再说,他们也办不到。"

15岁双语女孩(法语/德语)

> "我喜欢这种状态,很好,很有趣。这让我可以更加轻松地交到更多的朋友。"

最后,再引用一位杰出学者所说的一段话,他自己就是位双语者(挪威语/英语)

> "我从小就是个双语者,但直到阅读了相关的书籍我才意识到这一点。我从不知道自己曾险些患上发育迟缓、精神分裂、行为失常、精神错乱等疾病,而且我会不惜余力地尽量远离这些疾病。即便父母知道这些危险,他们也会置之不理,坚持让我学习双语。他们认为,我在学校整天都在跟老师和同学学习英语;而只有学习挪威语并与家人交流,才能保持与他们、他们的朋友以及他们自身的文化紧密相连。然而,我并没找到任何理论支持这一观点。我所发现的研究报告大多都在讨论使用某种智力测试,以证明双语者在智商和学习方面的欠缺……双语带给我的快乐,是使我能在两个不同的世界中扮演角色,而显然大多数研究者在这方面没什么研究成果。"

参考文献

An excellent source of references concerning Minority Languages in Europe is Tjeerdsma, R. S. and Stuijt, M. B. (eds.) (1996) *Bilingualism and Education: A Bibliography on European Regional or Minority Languages*. Ljouwert/Leeuwarden: Fryske Akademy & Mercator-Education.

Journals

Academic Journals that parents might wish to consult on particular topics include:
Bilingualism: Language and Cognition
Language Acquisition: A Journal of Developmental Linguistics
Papers and Reports on Child Language Development
The Bilingual Review / La Revista Bilingüe
International Journal of Bilingual Education and Bilingualism
The International Journal of Bilingualism

Internet sites

There are many sites that provide information, whether about resources such as bilingual books or about services such as immersion courses or bilingual childcare. In order to search for the things you need, simply go to a net browser, type in http://www.yahoo.com, or the address of any other search engine you know, and then type in 'bilingual families' or 'bilingual children' at the search window.

The Bilingual Families Web Page – http://www.nethelp.no/cindy/biling-fam.html – is a useful place to start if you wish to discuss issues with others. There are lots of links to learning resources too.

National Clearing House for Bilingual Education – http://www.ncbe.gwu.edu/ – contains links for bilingual parenting and early language learning which can be very useful to parents all over the world) although this site is primarily relevant to the US context (it is funded by the US Education Department).

References

Aellen, C. and Lambert, W. E. (1969) 'Ethnic identification and personality adjustments of Canadian adolescents of mixed English–French parentage' *Canadian Journal of Behavioural Science* 1, pp. 69–86.

Antier, E. (2001) *Elever mon enfant aujourd'hui*. Paris: Robert Laffont.

Arnberg, L. (1981) 'A longitudinal study of language development in four young children exposed to English and Swedish in the home' *Linköping Studies in Education Reports* 6, Department of Education: Linköping University.

—— (1987) *Raising Children Bilingually: The Pre-school Years*. Clevedon: Multilingual Matters Ltd.

Arsenian, S. (1937) 'Bilingualism and mental development' *Teachers' College Contribution to Education* 712. New York: Columbia University.

Baetens Beardsmore, H. (1982) *Bilingualism: Basic Principles*. Clevedon: Tieto Ltd.

Baker, C. (2001) *Foundations of Bilingual Education and Bilingualism*. 3rd ed. Clevedon: Multilingual Matters Ltd.

Bere, M. (1924) *A Comparative Study of the Mental Capacity of Children of Foreign Parentage*. New York: Teachers College, Columbia University Press.

Berlin, B. and Kay, P. (1969) *Basic Colour Terms: Their Universality and Evolution*. Berkeley: University of California Press.

Bialystock, E. (2001) *Bilingualism in Development: Language, Literacy and Cognition*. Cambridge: Cambridge University Press.

Bloodstein, O. (1995) *A Handbook on Stuttering*. London: Chapman and Hall.

Bloomfield, L. (1933) *Language*. New York: Holt, Rinehart and Winston.

Brodie, F. W. (1967) *The Devil Drives*. Harmondsworth: Penguin.

Bubenik, V. (1978) 'The acquisition of Czech in the English environment' in M. Paradis (ed.) *Aspects of Bilingualism*. pp. 3–12. Columbia: Hornbeam Press, Inc.

Burling, R. (1959) 'Language development of a Garo- and English-speaking child' *Word* 15, pp. 45–68. Reprinted in E. Hatch (ed.) *Second Language Acquisition. A Book of Readings*. pp. 38–55. Rowley, Mass.: Newbury House.

Byram, M. (1977) *Teaching and Assessing Intercultural Communicative Competence*. Clevedon: Multicultural Matters.

Carrol, C. W. (1978) 'La France devant les questions linguistiques' *Language Problems and Language Planning*, pp. 115–6.

Casse, P. (1984) *Les Outils de la Communication Efficace*. Paris: Chotard.

Celce-Murcia, M. (1975) 'Phonological factors in vocabulary acquisition: A case study of a two-year-old English–French bilingual' *TESOL Conference*, Los Angeles. Reprinted in E. Hatch (ed.) (1978) *Second Language Acquisition. A Book of Readings*, pp. 38–53. Rowley, Mass.: Newbury House.

Cenoz, J. and Genesee, F. (eds.)(2001) *Trends in Bilingual Acquisition*. Amsterdam: John Benjamins.

Clyne, M. G. (1967) *Transference and Triggering*. The Hague: Nijhoff.

Coleman, J. A. (1996) *Studying Languages: A Survey. The Proficiency, Background, Attitudes and Motivations of Students of Foreign Languages in the United Kingdom and Europe*. London: Centre for Information on Language Teaching and Research.

Cook, V. J. (1979) *Young Children and Language*. London: Edward Arnold.

Coulmas, F. (1989) *The Writing Systems of the World*. Oxford: Blackwell.

Council of Europe (2001) *Common European Framework of Reference for Languages: Learning, teaching, assessment*. Cambridge: Cambridge University Press.

(1997) *The Cambridge Encyclopedia of Language*. Cambridge: Cambridge University Press.

Crystal, D. (2000) *Language Death*. Cambridge: Cambridge University Press.

Cunningham-Andersson, U. and Andersson, S. (1999) *Growing Up with two languages: a practical guide*. London: Routledge.

Darcy, N. T. (1953) 'Bilingualism and the measurement of intelligence: Review of a decade of research' *Journal of Genetic Psychology* 103, pp. 259–82.

De Houwer, A. (1999) 'Environmental factors in early bilingual development: The role of parental beliefs and attitudes' in Extra, G. and Verhoeven, L. (eds.) *Bilingualism and Migration*. Berlin: Mouton de Gruyter, pp. 75–95.

de Jong, E. (1986) *The Bilingual Experience*. Cambridge: Cambridge University Press.

DeLoache and Gottlieb (2000) *A World of Babies*. Cambridge: Cambridge University Press.

Deuchar, M. and Quay, S. (2000) *Bilingual Acquisition: Theoretical Implications of a Case Study*. Oxford: Oxford University Press.

Deuchar, M. and Vihman, M. (2002) 'Language contact in early bilinguals: the special status of function words' in Jones, M. and Esch, E. (eds.) *Language Change: The Interplay of Internal, External and Extra-linguistic Factors*. Contributions to the Sociology of Language Series. Berlin: Mouton.

Diller, K. C. (1970) '"Compound" and "coordinate" bilingualism: a conceptual artefact' *Word* 26, pp. 254–61.

Dimitrijević, N. J. (1965) 'A bilingual child' *English Language Teaching* 20, pp. 23–8.

Döpke, S. (1992) *One Parent, One Language: An Interactional Approach*. Amsterdam: John Benjamins.

Doyle, A. B., Champagne, M. and Segalowitz, N. (1978) 'Some issues in the assessment of linguistic consequences of early bilingualism' *Working Papers on Bilingualism* 14, pp. 21–31.

Driscoll, P. and Frost D. (eds.) (1999) *The Teaching of Modern Languages in the Primary School*. London: Routledge.

Duranti, A. (1997) *Linguistic Anthropology*. Cambridge: Cambridge University Press.

Efron, D. (1972) *Gesture, Race and Culture*. The Hague: Mouton.

Elwert, W. T. (1959) *Das Zweisprachige Individuum: Ein Selbstzeugnis*. Mainz: Verlag der Akademie des Wissenschaften und Literatur.

Ervin-Tripp, S. (1961) 'Semantic shift in bilingualism' *American Journal of Psychology* 74, pp. 233–41.

Ervin, S. M. and Osgood, C. E. (1954) 'Second language learning and bilingualism' *Journal of Abnormal and Social Psychology*, Supplement, 49, pp. 139–46.

Fantini, A. E. (1976) *Language Acquisition of a Bilingual Child: A Sociolinguistic Perspective*. Vermont: The Experiment Press.

—— (1978) 'Bilingual behavior and social cues: case studies of two bilingual children' in M. Paradis (ed.) *Aspects of Bilingualism*, pp. 283–301. Columbia: Hornbeam Press, Inc.

Ferguson, C. A. (1959) 'Diglossia' *Word* 15, pp. 325–40.

Fillmore, L. W. (1979) 'Individual differences in second language acquisition' in C. J. Fillmore, D. Kempler and W. S-Y. Wang (eds.) *Individual Differences in Language Ability and Language Behavior*, pp. 203–28. New York: Academic Press.

Fishman, J. (1989) *Language and Ethnicity in Minority Sociolinguistic Perspective*. Clevedon: Multilingual Matters.

Fishman, J. (1991) *Reversing Language Shift*. Clevedon: Multilingual Matters.

Foley, W. (1997) *Anthropological Linguistics*. Oxford: Blackwell.

Gordon, D. C. (1978) 'The French language and national identity (1930–1975)' *Contributions to the Sociology of Language* 22.

Grégoire, Abbé (1999) *Textes Choisis*, preface by Dominique Audrerie. Paris: Editions Confluences.

Grosjean, F. (1982) *Life with Two Languages. An Introduction to Bilingualism*, Cambridge, Mass.: Harvard University Press.

—— (1984) 'Le bilinguisme: vivre avec deux langues' *B.U.L.A.G.* 11, pp. 4–25. Besançon: Université de Franche-Comté.

—— (1992) 'Another view of bilingualism' in Harris, R. J. (ed.) *Cognitive Processing in Bilinguals*. Amsterdam: North-Holland, pp. 51–62.

Gumperz, J. J. (1982) 'Social network and language shift' in J. J. Gumperz (ed.) *Discourse Strategies*. Cambridge: Cambridge University Press.

Gumperz, J. J. and Levinson, S. C. (1996) *Rethinking Linguistic Relativity*. Cambridge: Cambridge University Press.

Hamers, J. F. and Blanc, M. (1984) *Bilingualité et Bilinguisme*. Bruxelles: P. Mardagua ed.

Harris, B. and Sherwood, B. (1978) 'Translating as an innate skill' in D. Gerver and H. W. Sinaiko (eds.) *Language Interpretation and Communication*. London and New York: Plenum Press.

Hatch, E. (ed.) (1978) *Second Language Acquisition. A Book of Readings*. Rowley, Mass.: Newbury House.

Haugen, E. (1953) *The Norwegian Language in America: A Study of Bilingual Behavior*. (2nd revised edn 1969) Bloomington: Indiana University Press.

(1956) *Bilingualism in the Americas: A Bibliography and Research Guide.* University of Alabama Press.

(1972) 'Bilingualism as a social and personal problem' in R. Filipovic (ed.) *Active Methods and Modern Aids in the Teaching of Foreign Languages*, pp. 1–14. London: OUP.

Herman, J. (1996) '"Grenouille, where are you?" Crosslinguistic transfer in bilingual kindergartners learning to read'. Ph.D. dissertation, Harvard University.

Hoffmann, C. (1991) *An Introduction to Bilingualism*, London: Longman.

Hornberger, N. H. (1990) 'Creating successful learning contexts for bilingual literacy' *Teachers College Record*, 92 (2) 212–229.

Hornby, P. A. (1977) *Bilingualism: Psychological, Social and Educational Implications.* New York: Academic Press, Inc.

Hudson, R. A. (1980) *Sociolinguistics.* Cambridge: Cambridge University Press.

(1981) 'Some issues on which linguists can agree' *Journal of Linguistics* 17, pp. 333–43.

Jones, M. and Esch, E. (eds.) (2002) *Language Change: The Interplay of Internal, External and Extra-linguistic Factors.* Contributions to the Sociology of Language Series. Berlin: Mouton.

Jorgensen, J. N. and Holden, A. (eds.) (1997) *The Development of Successive Bilingualism in School-Age Children*, Copenhagen Studies in Bilingualism 27. Copenhagen: Royal Danish School of Educational Studies.

Keller-Cohen, D. (1979) 'Systematicity and variation in the non-native child's acquisition of conversational skills' *Language Learning* 29 (1), pp. 27–44.

Kramsch, C. (1998) 'The privilege of the intercultural speaker' in Byram, M. and Fleming, M. F. (eds.) *Language Learning in Intercultural Perspective.* Cambridge: Cambridge University Press.

Lam, A. (2001) 'Bilingualism' in Carter, R. and Nunan, D. (eds.) *The Cambridge Guide to Teaching English to Speakers of Other Languages.* Cambridge: Cambridge University Press, pp. 93–99.

Lambert, W. E. and Tucker, G. R. (1972) *Bilingual Education of Children: The St Lambert Experiment.* Rowley, Mass.: Newbury House.

Leopold, W. (1954) 'A child's learning of two languages' *Georgetown University Round Table on Languages and Linguistics* 1954, 7, pp. 19–30. Reprinted in E. Hatch (ed.) *Second Language Acquisition. A Book of Readings*, pp. 23–32. Rowley, Mass.: Newbury House.

Lewis, G. (1981) *Bilingualism and Bilingual Education.* Oxford: Pergamon.

Mackey, W. F. (1962) 'The description of bilingualism' *Canadian Journal of Linguistics* 7, 51–8.

(1967) *Bilingualism as a World Problem.* Montreal: Harvest House.

(1976) *Bilinguisme et Contact des Langues.* Paris: Klinsieck.

Macnamara, J. (1970) 'Bilingualism and thought' in J. Alatis (ed.) *Bilingualism and Language Contact.* Washington, DC: Georgetown University Press.

Macnamara, J. and Kushnir, S. (1971) 'Linguistic independence of bilinguals: the input switch' *Journal of Verbal Learning and Verbal Behavior* 10, pp. 480–7.

McLaughlin, B. (1978) *Second Language Acquisition in Childhood*. Hillsdale, NJ: Lawrence Erlbaum.

Mikeš, M. (1967) 'Acquisition des catégories grammaticales dans le langage de l'enfant' *Enfance* 20, pp. 289–98.

Milroy, L. and Muysken, P. (eds.) (1995) *One Speaker, Two Languages: Cross-disciplinary Perspectives on Code-Switching*. Cambridge: Cambridge University Press.

Nettle, D. and Romaine, S. (2000) *Vanishing Voices: the Extinction of the World's Languages*. Oxford: Oxford University Press.

Oka, H. (1989) 'Bringing up children bilingually in Japan' *Studies in English Language and Literature* 39, 113–133.

Oksaar, E. (1970) 'Zum Spacherwerb des Kindes in Zweisprachiger Umgebung' *Folia Linguistica* 4, pp. 330–58.

— (1971) 'Code-switching as an interactional strategy for developing bilingual competence' *Word* 27, pp. 377–85.

— (1977) 'On becoming trilingual. A case study' in C. Maloney (ed.) *Deutsch im Kontakt mit anderen Sprachen*, pp. 296–306. Kronberg; Scriptor Verlag.

Paradis, M. (ed.) (1978) *Aspects of Bilingualism*. Columbia: Hornbeam Press, Inc.

Paradis, J. and Genesee, F. (1996) 'Syntactic acquisition in bilingual children: autonomous or interdependent?' *SSLA*, 18, 1–25.

Park, R. E. (1931) 'Personality and cultural conflict' *Publication of the American Sociological Society* 25, pp. 95–110. (Republished in R. E. Park (1964) *Race and Culture*. Glencoe, Illinois: The Free Press.)

Past, A. (1976) *Preschool Reading in Two Languages as a Factor of Bilingualism*. Ph.D. thesis, University of Texas at Austin.

Paulston, C. B. (1975) 'Ethnic relations and bilingual education: accounting for contradictory data' *Working Papers on Bilingualism* 6, pp. 368–401.

Peal, E. and Lambert, W. E. (1962) 'Relation of bilingualism to intelligence' *Psychological Monographs* 76, pp. 1–23.

Perregaux, P. L. (1994) *Les enfants à deux voix: Des effets du bilinguisme sur l'apprentissage de la lecture*. Bern: Peter Lang.

Pfaff, C. W. (1979) 'Constraints on language mixing: intrasentential code-switching and borrowing in Spanish / English' *Language* 55, pp. 291–318.

Poplack, S. (1980) 'Sometimes I'll start a sentence in English y termino en espanol: Toward a typology of code-switching' *Linguistics* 18, pp. 582–618.

Raffler-Engel, W. von (1965) 'Del bilinguismo infantile' *Archivio Glottologica Italiano* 50, pp. 175–80.

Roberts, C., Byram, M., Barro, A., Jordan, S. and Street, B. (2001) *Language Learners as Ethnographers*. Clevedon: Multilingual Matters.

Romaine, S. (1995) *Bilingualism*. 2nd ed., Oxford: Blackwell.

— (1999) 'Early bilingual development: from elite to folk' in Extra, G. and Verhoeven, L. (eds.) *Bilingualism and Migration*. Berlin: Mouton de Gruyter, pp. 61–73.

Ronjat, J. (1913) *Le Développement du Langage Observé Chez un Enfant Bilingue*. Paris: Libraire Ancienne H. Champion.

Ruke-Dravina, V. (1967) *Mehrsprachigkeit im Vorschulalter*. Lund: Glesrup.

Saer, O. J. (1923) 'The effects of bilingualism on intelligence' *British Journal of Psychology* 14, pp. 25–38.

Saunders, G. (1982) *Bilingual Children: Guidance for the Family*. Clevedon: Multilingual Matters Ltd.

Scovel, T. (1988) *A Time to Speak: A Psycholinguistic Inquiry into the Critical Period for Human Speech*. Boston, MA: Heinle and Heinle/Newbury House.

Singleton, D. (1989) *Language Acquisition: The Age Factor*. Clevedon: Multilingual Matters.

Smith, M. E. (1935) 'A study of the speech of eight bilingual children of the same family' *Child Development* 6, pp. 19–25.

Snow, C. E. (1977) 'The development of conversation between mothers and babies' *Journal of Child Language* 4.

Snow, C. E. et al. (1991) 'Giving formal definitions: a linguistic or metalinguistic skill?' in Bialystock, E. (ed.) *Language Processing in Bilingual Children*. Cambridge: Cambridge University Press, pp.90–112.

Snow, C. W. and Ferguson, C. A. (eds.) (1977) *Talking to Children: Language Input and Acquisition*. Cambridge: Cambridge University Press.

Srivastava, R. N. (1988) 'Societal bilingualism and bilingual education: A study of the Indian situation' in Paulston, C. B. (ed.) *International Handbook of Bilingualism and Bilingual Education*. New York: Greenwood Press, pp. 247–274.

Taeschner, T. (1983) *The Sun is Feminine. A Study on Language Acquisition in Bilingual Children*. Berlin and Heidelberg: Springer-Verlag.

Tjeerdsma, R. S. and Stuijt, M. B. (eds.) (1996) *Bilingualism and Education: A Bibliography on European Regional or Minority Languages*. Ljouwert/Leeuwarden: Fryske Akademy & Mercator-Education.

Tokuhama-Espinosa, T. (2001) *Raising Multilingual Children: Foreign Language Acquisition and Children*. Westport, CT: Bergen & Garvey.

Tosi, A. (1982) 'Mother-tongue teaching for the children of migrants' in V. Kinsella (ed.) *Surveys 1, Cambridge Language Teaching Surveys*. Cambridge: Cambridge University Press.

Turner, B. S. (1999) 'The Sociology and Anthropology of the Family' in *Classical Sociology*. London: Sage, Chapter 13.

Ulrike-Kellett, A. and Alarcon-Neve L. J. (2001) 'Language reactivation in bilinguals: evidence of first and second language recovery in bilingual children', Poster, Third International Symposium on Bilingualism, Bristol.

Valdman, A. (1976) *Introduction to French Phonology and Morphology*. Rowley, Mass.: Newbury House.

Van Borsel, J., E. Maes and S. Foulon (2001) 'Stuttering and Bilingualism: A review' *Journal of Fluency Disorders*, 26, 179–205.

Van Overbeke, M. (1972) *Introduction au Bilinguisme*. Bruxelles: Nathan.

Vihman, M. (1999) 'The transition to grammar in a bilingual child: positional patterns, modal learning and relational words', *International Journal of Bilingualism* 3, 267-301.

Volterra, V. and Taeschner, T. (1978) 'The acquisition and development of language by bilingual children' *Journal of Child Language* 5, pp. 311-26.

Watson, I. (2002) 'Convergence in the Brain: how bilinguals' sound systems are and aren't independent', in Jones, M. and Esch, E. (eds.) *Language Change: The Interplay of Internal, External and Extra-linguistic Factors*. Contributions to the Sociology of Language Series. Berlin: Mouton.

Watson, J. B. and Kayser, H. (1994) 'Assessment of bilingual/bicultural children and adults who stutter', *Seminars in Speech and Language*, 15, 149-164.

Weinreich, U. (1953) *Languages in Contact*. The Hague: Mouton.

Wells, G. (1981) *Learning through Interaction: The Study of Language Development*. Cambridge: Cambridge University Press.

Yamamoto, M. (2001) *Language Use in Interlingual Families: A Japanese-English Sociolinguistic Study*. Clevedon: Multilingual Matters.

Zentella, A. C. (1997) *Growing Up Bilingual: Puerto Rican Children in New York*. Malden, MA: Blackwell Publishers.

Zierer, E. (1977) 'Experiences in the bilingual education of a child of preschool age' *International Review of Applied Linguistics* 15, pp. 144-9.

索 引

（索引页码为原书页码，即本书边码。）

accent, 12, 55, 69–70, 137
acquisition, 18–21
  simultaneous – of two languages,
    42–43, 50–51, 173
    bilingual *versus* monolingual
      development, 54–55
    families, types of, 51–53
    separation, of languages, 55–61
  successive – of two languages, 43–45,
    162, 173
    age, 67–70, 138
    first *versus* second language
      learning, 70–72
  see also development
age, 10, 18, 41, 42–45, 67–70, 137–39
aptitude, 139–40
attitudes, 70, 128, 161

baby talk
  of babies, 4–5
  to babies, 140–41
biculturalism, xv, 45–49, 117–18, 119–20, 141
  versus bilingualism, 46, 106–7
bilingual families, types of, xii, xv, 37–39, 42–43, 44–45, 51–53
  see also case studies
bilingual societies, 26–28
bilingualism
  adolescent, 45
  assymetrical, 39
  benefits of, xvi, 73
  child, 43–45
  compound *versus* co-ordinate, 39–42
  definitions of, 22–23
  degree of, 33–39, 74
  elective, 25, 129

elitist *versus* folk, 23–24, 128–29
individual *versus* official, 30–32
individual *versus* social, 23
infant, 42–43
maintenance of, 86, 126, 131, 142
receptive, 38–39, 161
self-awareness of, 61–62
successive
biliteracy, 141–42, 158–59
blends, 56–57
borrowing, 63

case studies, 96–133
code, 18
code-mixing, 55–61, 108, 152–55
code-switching, 63–67, 142–44
colours, 144
communication
  and learning, 8–10
  non-verbal, 150–51
conversation, 101–2
correcting, 19, 144–45
counting, 145–46
'critical period', 69–70, 162
culture *see* biculturalism
culture shock, 46–47

development
  intellectual, 6–7, 99, 141–42 (*see also*
    intelligence)
  language, 4–10, 159
  monolingual *versus* bilingual, 54–55, 62
dialects *see* language(s)
dictionaries, 146–47
diglossa, 26–27
disfluency, 168–69
doctors, 147–48

dormant language, reactivation of, 158
dreams, 148–50

errors, 19–20, 71

families *see* bilingual families

gestures *see* communication, non-verbal
golden rules, 87–92
grammar, 8–10, 13–15, 58–61

identity
   bilingual, 81, 162
   cultural, 46–49
   individual, 62
   linguistic, 26, 115
   national, 29–30, 109–10
   social, 127–28
information, exchanging, 5–6
intelligence, 73–76
   see also development, intellectual
interaction
   conversational, 4–5, 8
   social, 3–4
interference, 35–36, 55, 99, 123
   see also mixing
internet, 151–52, 180–81
interpreting *see* translating

language(s)
   change, 12
   choice, 63–64
   complexity of, 14
   versus dialect, 10–11
   difficulty of, 14
   distribution of, 28
   dominance, 35–36, 59–61, 155
   levels of, 13–16
   playing with, 7–8
   related *versus* unrelated, 83–84
   relative status of, 10–11, 14–15, 81–82, 83–85, 107
   sound structure of, 13
   spoken *versus* written, 11–12
   thinking with, 6–7
   use(s) of, 15–16
   varieties of, 16–17
learning, 19–20
   about the world, 6–7
   behaviour, 71
   and communication, 8–10

context of, 57, 59
   first and second language, 70–72

meaning, 15–16
mixing, 55–61, 108, 152–55
   see also interference

names, 155–56
nationality, 156
   see also identity, national
newsletter, 179
'nonsense' *see* language(s), playing with

other languages, 156–58

parental choices
   attitudes to own language, 81–82
   changing languages, 86–87
   child's carer, language of, 79–81
   child's happiness, putting first, 87–88
   extended family contact, 82–83
   language background, 77–78
   languages spoken, 78–79
   maintenance, of language, 86, 126, 131, 142
   not going bilingual, 106–7
   relative status, of languages, 81–82, 83–85, 107
   self-assessment questionnaire, 88–92
playgroups, 162, 174
pronunciation, 13

quotations, 177–78

reading, 141–42, 158–59, 163
refusing to speak the language, 36–37, 85, 159–61
   see also bilingualism, receptive
relative competence *versus* relative use, 35
repetition, 19
resources, 178–81

school, 20–21, 25, 138–39, 157–58, 161–64
script/writing system, 164–65
separating the two languages *see* mixing
social relations, 3–5, 71–72
sound, 13
spelling, 165–67
   see also writing
strategies, 72

stuttering, 167–69
styles, 17
swearing, 169–71

television, 171–73
thinking *see* development, intellectual
translating
  code-switching, 63–67
  dubbing of films, 172
  natural, 67–69

professional, 152–53
subtitles, 69, 172
triggering, 64

very young children, 173–74
visitors, 175–76
vocabulary, 56–58

writing, 164–65, 176–77
  see also reading; spelling